岭南学术思想丛书

林雄 主编
顾作义 副主编

康梁学派
近代启蒙先锋

马永康 【著】

南方传媒
广东人民出版社
·广州·

图书在版编目（CIP）数据

康梁学派：近代启蒙先锋 / 马永康著. —广州：广东人民出版社，2023.7
（岭南学术思想丛书）
ISBN 978-7-218-16080-1

Ⅰ.①康… Ⅱ.①马… Ⅲ.①思想史—研究—中国—近代 Ⅳ.①B25

中国版本图书馆CIP数据核字（2022）第179087号

KANGLIANG XUEPAI：JINDAI QIMENG XIANFENG
康梁学派：近代启蒙先锋
马永康　著

版权所有　翻印必究

出　版　人：肖风华

策划编辑：梁　茵
责任编辑：沈海龙　古海阳
责任技编：吴彦斌　周星奎

出版发行：广东人民出版社
地　　址：广州市越秀区大沙头四马路10号（邮政编码：510199）
电　　话：（020）85716809（总编室）
传　　真：（020）83289585
网　　址：http://www.gdpph.com
印　　刷：珠海市豪迈实业有限公司
开　　本：890毫米×1240毫米　1/32
印　　张：10.5　字　　数：150千
版　　次：2023年7月第1版
印　　次：2023年7月第1次印刷
定　　价：68.00元

如发现印装质量问题，影响阅读，请与出版社（020-85716849）联系调换。
售书热线：020-87716172

总　序

冯达文

由林雄主编、顾作义副主编,四位青年学者著述的《岭南学术思想丛书》第一辑《菊坡学派:粤地学派开端》《江门学派:明代心学重镇》《九江学派:晚清思想标本》《康梁学派:近代启蒙先锋》四种,即将与读者见面,值得庆贺!

岭南,与中原地区比较,文明起步较晚。直至秦皇朝一统中国,派兵南下,设置桂林、象、南海三郡,岭南才有了政治制度的建构。入汉,一批又一批从北方派来的官员陆续开设学校,"导之礼义"(《后汉书·南蛮西南夷列传》),岭南才又日渐获得文化教养。学校设置不仅引来了北方士子,也培育出本土士人。如"三陈"(陈钦、陈元、陈坚)、"四士"(士燮、士壹、士䵋、士武),就以精通《春秋》名世。儒学的传播向岭南导入文明,强

化了国家的认同意识。

汉末、三国、魏晋南北朝四百年间，不仅儒学在岭南产生了广泛影响，道教、佛教也纷纷传来。东晋时期名道葛洪就曾入罗浮山修炼，所撰《抱朴子》，开创了道教的外丹学，影响久远。佛教从北方南传，粤人牟子著《理惑论》；从海路北上，康居后人康僧会撰《六度集经》。这些著作，力图把佛、道与儒学会通起来，开启了我国早期文明互鉴的路子，为隋唐时期的思想文化繁荣奠定了根基。

但是至此为止，岭南地区尚未形成真正具有较大影响力的"学派"。

在岭南发展起来，最先具影响力的思潮或学派，是新州（今新兴县）人惠能开创的禅宗顿教。惠能以"即心是佛""一悟即到佛地"的觉解，把佛教信仰收归心性，使佛教从宗教信仰转变为心性调养，开启了佛教的中国化历程。此后，禅宗思想融入宋明儒学，共同营造与进一步强化了中华民族独特的精神品格，并深深影响了海外多地的文明进程。

宋朝，为传统中国经济政治与思想文化的一个转型期。在经济领域，开启了由以农业为主导向以商业为引领的初始变化；在社会结构层面上，出现了由以乡村为中心向以城市为中心的过渡；在管理体制上，发生了由权贵政治向文官政治的转易；在教育领域里，呈现了由官方办学向官私各家分流办学的新态势。

从思想文化的角度看，后两种变化影响深远。此前的官办学校，主要是为了应试与选拔官员；而私立学校，固然也有应试的功能，但由于相对地独立，便得以更关切精神教养与人文情怀。官办学校，师生关系难免有似于君臣关系；私立学校，师生关系侧重传道授业。通过传道授业，学术影响得以代代承接，才能形成真正的学派。本辑丛书四种所及的四大学派，后三大学派都是在这种背景下才营造出来的。

李强博士撰写的《菊坡学派：粤地学派开端》，学派始创者与奠基人为崔与之（1158—1239），广东增城人，晚年号菊坡。该书详尽地追溯了崔菊坡的求学经历及治事业绩，清晰地梳理了菊坡学派形成的社会历史背景和传承脉络，较好地诠释了菊坡学派的思想特征、学术宗旨、历史地位和影响。及其以"重惜名节，务实致用"一语概括菊坡及其学派的突出特点时，我们不难看到，菊坡学派既与同时代的程朱学派有共同的道德诉求；又与浙东事功学派有一致的实践取向，力求把理想下贯于现实，这与岭南传统的务实精神相与衔接，至今仍有启发意义。

郭海鹰博士撰写的《江门学派：明代心学重镇》，学派开创者为陈献章（1428—1500），号白沙，江门人；光大者为湛若水（1466—1560），号甘泉，增城人。白沙子把自己视作菊坡的私淑弟子，把菊坡"重惜名节"的一

面推向极致，而成为开启明代心学的先驱。他拒斥繁琐的义理架构而崇尚自然，讲求在"静中养出端倪"，显然即出于对利禄躁动的拒斥。其弟子甘泉在西樵山等地建书院传白沙学，及其以"随处体认天理"一说发展白沙思想，实又主张要在日常行事上贯彻价值理想，而与菊坡主张的"务实致用"相与契合。

菊坡学派、江门学派，体现了岭南士人不离现实而践行道德的问学精神。

现实是不断变迁的。我国于宋代已出现"商业革命"（费正清认定）的大潮，而欧洲直至15—16世纪，商业资本主义才发展起来，落后中国四五百年。可惜的是，中国商人在城里赚了钱后，却急急忙忙回乡下买田置地，以乐做"乡绅"为"光宗耀祖"；欧洲商人却为利益驱动把钱投向技术创新，而有了18世纪的"工业革命"。工业产出源源不绝的商品，包括毒品，再凭借船坚炮利向世界各地倾销，来到中国便爆发了鸦片战争。失败后的中国逐步沦为半殖民地半封建社会，中国的士子特别是岭南学人开始为"救亡图存"呼喊，再度创造一个又一个新学派，推出新构想。本丛书的《九江学派：晚清思想标本》《康梁学派：近代启蒙先锋》的创建者均是岭南学人。

李辰博士的著作就以研究"九江学派"的开创者朱次琦（1807—1882）为主题。朱次琦，南海九江人，世称九江先生。九江先生面对鸦片战争后清廷的腐败与天下的纷乱，致力于在思想文化上的匡正。儒家学问，清中叶重汉学，后续演变为"汉宋之争"。汉学沉迷于章句注疏，而宋学偏重心性义理，两家均有所得，亦均有所失。九江先生以重新回归孔子为治学宗旨，莫问汉宋，兼取经史，不只为经师，亦要做人师。弟子中以简朝亮（1851—1933）与康有为（1858—1927）影响最大。康有为称其师曰："以躬行为宗，以无欲为尚，气节摩青苍，穷极学问，舍汉释宋，源本孔子，而以经世救民为归；古之学术有在于是者，则吾师朱九江先生以之。"（《朱九江先生佚文叙》）作为道德学问的典范，朱次琦深深影响了一代人，及"经世救民"，则有赖于康有为那一代人了。

马永康博士为研究康有为、梁启超的专家，《康梁学派：近代启蒙先锋》是他的作品。康有为，南海人；梁启超（1873—1929），新会人。二人为著名的"百日维新"的发动者。康有为早年从学于朱次琦，所幸身处岭南边陲，与海外有更多的交往，对西方制度施设有一定的了解，因而得以成为发起改良运动的主导人。康有为力图重新解释中国本土思想资源，以对抗西方基督教的涌入及作为推动变革的合法性依据，最终未能如愿。变法失败后，康、梁分手。康提倡孔教，回归保守；而梁鼓吹民主，力求"新民"。值得称道的是思想的对立并不影响他们的师生情谊，体现出中国学人应有的精神教养。该书对康有为后期对传统的那份执着，持有一种"同情之理解"（陈寅

恪语），也是难得的。在孔子开创的儒学中，"礼学"作为公共社会的制度施设，无疑有"时"与"变"的问题，需要理性务实，不能随时而变便会被淘汰；"仁学"源出于"亲亲之情""仁民爱物"，这是人之为人、人类社会得以维系的基本价值信仰，它的正当性毋庸置疑，否则不会有未来。

近代以来，岭南学人辈出，学派林立，只要能够平情地讨论其长处和不足，应都可入选丛书。期待本丛书有第二辑、第三辑乃至更多后续作品的面世！

目录 contents

绪　论　/ 1

第一章　早年求学与"圣人情结"的确立　/ 3
　　第一节　晚清崛起的南海康氏宗族　/ 4
　　第二节　少年时期的读书求学　/ 11
　　第三节　在朱次琦门下的学习和神秘体验　/ 17

第二章　"大讲西学"与初次上书不达　/ 27
　　第一节　摆脱传统夷夏观的束缚　/ 28
　　第二节　"大讲西学"与兼摄古今、中西　/ 37
　　第三节　初次上书不达与撰写《广艺舟双楫》　/ 54

第三章　讲学授徒与构建孔教计划　/ 67
　　第一节　广州会晤廖平与宗今文经学　/ 68
　　第二节　长兴学舍与《长兴学记》　/ 76
　　第三节　建构孔教计划与《新学伪经考》　/ 84
　　第四节　万木草堂和第一次桂林讲学　/ 93

第四章　从"公车上书"到"百日维新"　/ 103
　　第一节　"公车上书"与上清帝第三、四书　/ 104

　　　　第二节　京师《万国公报》和《强学报》　　　/ 111
　　　　第三节　讲学著书，俟机行动　　　　　　　/ 119
　　　　第四节　到京师掀起改革风暴　　　　　　　/ 129
　　　　第五节　"百日维新"　　　　　　　　　　　/ 138
　　　　第六节　戊戌政变　　　　　　　　　　　　/ 159

第五章　流亡海外的政治活动与理论建构　　　　　/ 173
　　　　第一节　海外求救受阻与保皇会、"庚子勤王"
　　　　　　　　　　　　　　　　　　　　　　　/ 174
　　　　第二节　推进和完善孔教理论的建构　　　　/ 187
　　　　第三节　周游列国寻找救国良方："物质救国"
　　　　　　　　与"虚君共和"　　　　　　　　　/ 203

第六章　晚年返国：孔教运动、张勋复辟与
　　　　"天游"之学　　　　　　　　　　　　　　/ 221
　　　　第一节　推动孔教运动与参与张勋复辟　　　/ 222
　　　　第二节　天游学院与"天游之学"　　　　　/ 239

第七章　梁启超对康有为的追随与分途　　　　　　/ 253
　　　　第一节　与康有为并称的梁启超　　　　　　/ 254
　　　　第二节　戊戌前对康有为的追随和宣传　　　/ 264
　　　　第三节　流亡后的分歧　　　　　　　　　　/ 278
　　　　第四节　分途而行　　　　　　　　　　　　/ 289

结语：作为近代启蒙先锋的康梁学派　　　　　　　/ 298
康有为年谱简编　　　　　　　　　　　　　　　　/ 305

绪 论

中国近代史上著名的康梁学派，其存续时间并不长。梁启超在1890年师从康有为，但大概在1902年因其学术、政见等"持论"与其师屡有不合，自称"康、梁学派遂分"。[①]尽管康梁学派的存续只有十多年，但对近代中国影响深远：由康有为提供原创思想，梁启超作舆论鼓吹，此学派充当着近代中国的启蒙先锋，有力地改变了近代中国社会的风气，促进了近代中国的思想文化转型。而在康梁学派分离后，尽管康有为的影响力渐减，但仍有其不容轻忽的意义。

由于康梁学派对近代中国的意义重大，相关研究一直不断，已刊行了不少论著，但仍有一些模糊不清之处。

---

① 梁启超：《清代学术概论》，上海古籍出版社，1998年，第89页。

随着21世纪以来康梁的一手文献资料大批结集出版,提供了更为翔实的资料,同时学界观念也渐趋多元化,视野大为拓宽,对康梁的研究也有了不同程度的推进,取得的成果更可观。本书期望立足于相关文献资料,以康有为为中心,呈现其早、中、晚期的思想发展脉络,并兼及康梁的分合,以便展现康梁学派的特色。

第一章 早年求学与『圣人情结』的确立

第一节　晚清崛起的南海康氏宗族

康有为是中国近代史上的风云人物，对中国社会的发展产生了深远的影响。他曾用名祖诒，字广厦，号长素、更生、明夷、天游化人等，出生在南海县西部的苏村。

南海苏村，位于珠江三角洲腹地南海古海岸的银河旁，面向岭南理学名山西樵山。苏村是南宋绍兴年间苏怀远率众族人南迁到此地而开村，距今已有约九百年历史。由于它所在的地理位置，又被称为银塘乡、银河乡、西樵里。

根据康有为的自述，康氏始祖康建元于南宋末年从南雄珠玑里迁居苏村，晚于苏氏一族。但自康建元到康有为这代，康氏宗族在此已绵延了二十一代。①其中，对苏村康氏宗族发展影响较大的先辈有：

第一，十三、十四世祖康泰秀和康涵沧父子。康氏宗族自定居苏村后，经过十多代的繁衍生息，到明末已发展成相当的规模，一度有族人近百人。明末战乱，康氏宗族伤亡惨重，仅剩康泰秀、康涵沧父子一支得以延传下来。康涵沧博学有文辞，曾在河南入幕，并出游京师，后来返回苏村敦仁里，建楼创业，延传苏村的康氏香火。

第二，康有为的高祖康辉。康辉为嘉庆甲子科（1804）举人，是康有为记载中最早获取科举功名的先辈。康辉师从钦州冯敏昌，并与南海同邑冯承修交好。冯承修是清代理学家，传承清代陆陇其的学术，宗程（颐）朱（熹）一派，反对王阳明的心学。康辉受冯承修的影响，也信奉程朱理学。他在中举后返乡授徒讲学，"以孝

---

① 据康有为《康氏家庙碑》所载谱系，到康有为这代应为二十二代（八世汝坚——九世惟卿——十世敬山——十一世朝远——十二世相予——十三世泰秀——十四世涵沧——十五世从圣——十六世世尧——十七世元猷——十八世文耀——十九世式鹏——二十世赞修——二十一世达初——二十二世康有为）。康有为撰，姜义华、张荣华编校：《康有为全集》第十集，中国人民大学出版社，2007年，第438—439页）《我史》说"至于吾为二十一世"。（《康有为全集》第五集，第58页）据康氏族谱，到康有为应是二十一世。

弟为礼学",在宗族乃至南海传播程朱理学。①这是康氏宗族研治并践行理学的一个重要节点,对后来康氏宗族文化的发展产生了重要影响。

第三,康有为的叔祖父康国器。康国器,字交修,号友之,原名以泰,从军出身,靠军事获取功名。1847年选授江西赣县桂源司巡检,1853年募集民勇三百,镇压从广东进犯江西的"土寇",稍后又辅佐左宗棠镇压太平天国石达开部众。康国器带兵作战,异常勇猛,经验丰富,能以少胜多。在一次弹压盐枭中,他被炮弹伤脚而跛足,被称为"康拐子"。②由于战功不凡,历任福建按察使、广西布政使、护理广西巡抚等职,是康氏宗族中官职最高的先辈。1872年,奉旨入京,没有得到新任命,于是回籍,低调行事,修建有大宗祠、七桧园、澹如楼、红蝠台等建筑。这些建筑是康有为青少年时代读书游玩的地方。更重要的是,在康国器的影响下,康氏族人从军甚多,"于时门中以从军起家者甚众",③如康有为父辈康熊飞、康达本等。由此,苏村康氏宗族的势力进一步扩大。康有为称康

---

① 康有为:《康氏家庙碑》,《康有为全集》第十集,第438页。
② 康有为:《诰授荣禄大夫广西布政司护理巡抚康公事状》,《康有为全集》第一集,第5—13页。
③ 康有为:《我史》,《康有为全集》第五集,第59页。

国器为"吾宗光大，自公为之"，①也是后来康有为用以结交权贵的资源之一。

从总体来看，苏村康氏宗族的科举仕进之路不算特别显著，考取功名的族人不算多。除了康有为于1895年高中进士之外，中举的仅有康有为高祖康煇和祖父康赞修两人，另外还有几个生员，而从军出身的族人相对更多一些。康有为自称从九世祖康惟卿开始，其族"凡为士人十三世矣"，②有夸耀之嫌，不尽可信。在康有为之前，康氏宗族的高光时期是祖、父两辈，在南海当地具有一定的威势，但还算不上典型的豪门望族。时人南海陈古樵就曾说："康系小姓，族微人少，乡人恐不为用。"③此话应可信。首先，可从现存苏村康氏的建筑遗存感受得到。这些建筑物虽非普通宗族可有，但没有大富大贵之气。其次，康有为在1910年大病而留下的《辞世书》中，"辞宗族赠言"是"吾欲除姓用氏"④。秦代之前，姓、氏有明显的区别，氏具有别贵贱的作用，为贵族所特有，普通平民百姓顶多有姓，没有氏。秦之后，姓、氏逐渐合流，以至

---

① 康有为：《康氏家庙碑》，《康有为全集》第十集，第438页。
② 康有为：《我史》，《康有为全集》第五集，第58页。
③ 广东省立中山图书馆、中山大学图书馆编：《清代稿钞本》第十四册，广东人民出版社，2007年，第522页。
④ 康有为：《辞世书》，《康有为全集》第九集，第122页。

现在两者混一不分。康有为在可能辞世的关头提出这一赠言，对未能将康氏宗族提升为显赫的贵族一事念念不忘，一方面反映出他强烈的宗族意识，另一方面似也反映出康氏宗族在苏村的社会地位不算很高，以致他将这作为重要的目标。

而具体到康有为一家，家境在康氏宗族中应算一般。他的祖父康赞修，名以乾，字述之。生于1806年，于1846年中举，出任过钦州学政，合浦、灵州、连州训导。1873年出任羊城书院监院，1877年回连州办理当地考试事务，恰逢连州水灾，不幸遇难，终年七十一岁。康赞修二十岁时师从岭南儒者冯承修的再传弟子何文绮，康赞修为冯承修的三传弟子，也信奉程朱理学。康有为称赞他"粹德至行，笃守程朱，诲人不倦"。①他与岭南大儒九江朱次琦相友善，并对朱次琦颇为称许，故而将儿、孙送到朱次琦处求学。

康有为父亲是康赞修的长子康达初。康达初，字仲谋，号少农，生于1831年，受学于朱次琦，孝德仁厚，聪明有识见，但科场不得意，曾在家乡授徒讲学。1862年跟从父辈康国器到福建剿乱，1867年凭借军功，被任命为江西补用知县。由于康达初当时患有咳喘，病情不轻，康赞

---

① 康有为：《康氏家庙碑》，《康有为全集》第十集，第439页。

修未许他赴任。次年，康达初即在家中去世，享年三十八岁，当时康有为年仅十一岁。

康有为母亲劳连枝，生于1831年，卒于1913年，享年八十三岁。①她是南海劳边村人劳德芳的次女。劳德芳是候选知府，擅长工程建筑，参与过修建广东贡院、登云书院等工程。劳家七世没有担任过官职，但家境富裕而能守礼法。劳德芳夫妇为人严厉刚毅，劳连枝虽和当时多数妇女一样，未能拜师受学，但深受家庭的熏陶，"履道由礼，坐尸立斋，严密栗毅，乃似宋贤之学道者"。她十九岁嫁给康达初，两人婚后育有四女两男：大姐四岁夭折，二姐逸红，长子有为，三妹琼琚，四妹顺介，幼弟有溥。康达初在康琼琚三岁时即跟从康国器剿乱，加上英年早逝，家中繁重的事务就落在她身上。她勤俭持家，洒扫缝补等事样样在行，经常忙个不停。据康有为记载，有一次他请母亲稍事休息，她则教育康有为：康家历来信奉儒学，生活朴素，不能贪图奢侈、安逸。康达初去世后，家境受此影响而下滑，她只请一个奴婢帮忙，自己一手抱着康广仁，一手做饭。由于她的勤俭持家，生计似乎没有太明显的恶化，至少康有为仍具备一定的财力去购买大量书籍及出游等。同时，由于她与子女接触多，对子女的影响也比较

---

① 康有为：《先妣劳太夫人墓志》，《康有为全集》第十一集，第125页。

大。康有为自称他和弟弟康广仁，承传了她的严厉刚毅性格。①

从上可见，康有为十一岁丧父，二十岁时祖父去世，仍能衣食无忧，专心读书。相对于普通百姓而言，他的家境应该说属于中等，离优裕无疑还有一段不小的距离，并非典型的豪族世家。

---

① 康有为：《先妣劳太夫人行状》，《康有为全集》第十集，第177—179页。

第二节　少年时期的读书求学

1858年3月19日，一个男孩出生在苏村康氏的敦仁里老屋。

这小男孩的到来，迅速使康家原本由于祖母康陈氏1857年十二月新丧而带来的悲痛气氛为之一改。男孩的父亲康达初是长子，肩负着传宗接代的重任，但此前所生二胎均为女孩，并且大女孩在四岁时夭折，祖、父二代正求子心切。男孩出生后，当时正在钦州担任学正的祖父康赞修收到消息后，按照长孙在族谱上所排的"有"字辈，以及在钦州喜闻得孙，为他取名"有钦"，①并赋诗《闻长孙有钦生》："久切孙谋望眼穿，震雷未发巽风先。漫将璋瓦猜三索，忽报桑弧画一乾。画省孤灯官独冷，书香再世

---

① 康有为《开岁忽六十篇》有"时秉钦州铎，名余钦为志"。见《康有为全集》第十二集，第336页。

汝应延。可怜大母含朝露，空话含饴慰九泉。"①全诗洋溢着康赞修对得孙望眼欲穿而终偿所愿的欣喜，同时寄予长孙延续书香的厚望。但在康赞修的书信到达前，其伯祖父康学修已为男孩取名"有为"，寄望他以后能有所作为。后来"有为"就成了这个男孩的名。

  康有为少年前的成长，看来没有辜负长辈们的厚望。童年时，他即已展现出早慧、大器的特点，四岁时"已有知识"，五岁时能背诵唐诗数百首。1863年，他师从番禺简凤仪读《大学》《中庸》《论语》《孝经》，接受开蒙教育。一次，长辈出上联"柳成絮"考他，他回以"鱼化龙"，化用鱼跃龙门的故事，显示出非池中物的气度和格局。这深获长辈们的赏识，特别是他的祖父康赞修。此后，康赞修对这个长房长孙更是疼爱有加，悉心栽培。由于其父康达初跟从康国器在外从军，康赞修便常将康有为携在身边，以便更好教育他。1865年，康赞修到广府学宫孝弟祠聚徒讲学，携他前往听讲；年末，又让他跟从父辈康达棻学写文章。1866年，康赞修担任《南海县志》编修，也将康有为带到广州方志局，并让他跟从陈鹤侨、梁健修学习。康赞修喜欢游玩，也常带他游观镇海楼、五羊观、蒲涧寺等地，同时以诗文、道义等教导他。这一方面使他知识日增，另一方面也养成了他喜欢游观的性格。

---

  ① 康有为：《我史》，《康有为全集》第五集，第58页。

1867年，康赞修补连州训导，由于路途较远而康有为年纪尚小，不便携从，就让他回乡继续跟从简凤仪学习。同年，康达初因剿乱事暂告一段落，而且生病，回家休养。1868年正月，康达初去世，临终前留下遗训，"谕以立志勉学，教以孝亲，友爱姊弟"。①三个月后，康赞修便将康有为带到任职地连州，亲授他先儒义理、文学等。大概是受到父亲遗训的激励，他此时读书甚为勤勉，常常读书到夜深，一定要终卷才休息，以至康赞修戒令他要适时睡觉。但他即使上床后也没有立即休息，仍旧读书不断。在这段时间，他读了《纲鉴》《大清会典》《东华录》《明史》《三国志》等史学类著作，还阅读了官方的邸报，让他进一步开阔了眼界，并略知朝廷事务。与此同时，康赞修仍旧带他游玩名山胜迹。看到各类圣贤先正的塑像时，康赞修也随时向他讲述相关人物事迹。这种现场教学无疑取得了很好的效果，以至于他"于时动希古人，某事辄自为南轩，某文辄自以为东坡，某念辄自以为六祖、邱长春矣"。②南轩，宋代著名理学家张载；东坡，宋代大文豪苏轼；六祖，禅宗开创者惠能大师；邱长春，王重阳开创的道教全真派"北七真"之一邱处机，他曾以七十四岁高龄远赴西域劝说成吉思汗止杀爱民而闻名，对

---

① 康有为：《我史》，《康有为全集》第五集，第59页。
② 康有为：《我史》，《康有为全集》第五集，第60页。

全真派的发展起到了非常重要的作用。这些历史名人功绩不一，但都被他作为榜样，体现出他希望长大后能建功立业的志向。对此，梁启超曾说康有为"成童之时，便有志于圣贤之学。乡里俗子笑之，戏号之曰'圣人为'，盖以其开口辄曰圣人圣人也"。①这种说法可能过于突出康有为的儒学倾向，但无疑指认出他自小就想成就一番大事业。而康有为因持有的远大志向而自视颇高，助长了他狂傲的个性，不喜欢受规则约束，直接后果就是不喜欢八股文。这使他日后的科举之路并不顺畅。

1870年，康赞修受命回广州办理清剿积匪的事务。到广州后，康赞修特别督促此时已十三岁的康有为学八股文，将他送到广州西门外第三甫桃源的陈莘生处受学。广州省城和连州不可同日而语，繁华异常，可游玩之处甚多。尽管康有为志向不凡，但未脱少年爱玩的天性，一到省城，就和朋友到处游玩，将向学之事抛到脑后。于是，康赞修在1871年将他送回苏村，跟从父辈康达节学习。他返乡后，在康氏藏书丰富的澹如楼和二万卷书楼中日夜读书，收获颇多。虽然他天资聪慧而且勤奋好学，但不喜欢八股文，即便不断更换老师，在1871年、1872年连续两年都未能通过童子试。在清代，童子试由县、府、院三级

---

① 梁启超：《南海康先生传》，《康有为全集》第十二集，第423页。

组成。通过县、府二级试的，称为"童生"；通过院一级的，称为"生员"，即俗称"秀才"，才算有了"功名"，才具有进一步搏击科举功名的资格。童子试是整个科举考试的第一步。参加科举考试获取功名，是当时唯一的正途，可是他连第一步都未迈出，怎么能延续书香？如何能有所作为？

这急坏了康氏长辈，他们更加严厉督促他学八股文。1873年，长辈们又让康有为先后师从杨仁山、张公辅，专门学习写八股文，同时采用捐钱的方式为他取得参加乡试的资格，但他因病未能参加。①在这期间，他也只是勉强应付长辈们的督促，将大量时间用来阅读经说、史学和考据书籍。当他读到清代考据学家毛奇龄的著作后，对考据学颇有好感，更加厌恶和不再写作八股文。长辈们知道后，将他叫到祖宗神主牌前加以责罚，并以"君子有九思，至忿思难"为题，试图挫其锐气。但他写得不错，颇受康赞修称许。同年，他参加本乡的社学征文，一日内写了六篇文章及诗，每篇都获奖，一时为乡人称颂。他在征文的出色表现，稍稍缓解了长辈们督促他学习八股文的压力。1874年，由于康赞修在广州城内任职，他时时入城侍奉，读到了徐继畬的《瀛环志略》，看到了地球图，开始了解

---

① 茅海建：《"康有为自写年谱手稿本"阅读报告》，《近代史研究》2007年第4期。

世界各国以及地球的一些情况。1875年，康赞修让他到广州居住，督促他跟从省城颇有名气的吕拔湖学习八股文，但他一回乡则习性不改，继续阅读其他书籍。

康有为虽然有才华，但厌恶八股文而喜欢博览群书，这使他在科举之路上未能顺利迈出第一步。在长辈们对他学习八股文的督促与他的抗拒中，他度过了少年时代。

第三节　在朱次琦门下的学习和神秘体验

1876年，康有为再次应乡试，依旧名落孙山。康赞修于是将他送到好友朱次琦处受业。这成为康有为学术生涯中的一个重要节点。

朱次琦生于1807年，逝于1882年，字子襄，号稚圭，南海九江人。他少年时已颇有才名，但科举之路不算顺利，1839年中举，1847年中进士，后任山西襄陵知县，颇有政绩，深受当地百姓喜爱。1855年，他辞官南归返回九江，创办"礼山草堂"，授徒讲学，从学者甚多。1862年，同治帝下旨起用，但托病未行。1881年受朝廷褒奖。他与番禺陈澧在当时并称"岭南两大儒"，被称为九江先生，所开创的学派被称为"九江学派"，著名弟子有简朝亮、梁耀枢、康有为等。

朱次琦著述颇多，已著成《性学源流》《国朝名臣

言行录》《五史实征录》《晋乘》等书稿。遗憾的是，他在去世前焚毁了全部书稿，死后由弟子简朝亮搜罗其讲义等，编成《朱九江先生讲学记》等。在学术上，从清代中叶起，儒家内部出现了侧重心性修养的宋学以及侧重考据的汉学的门户之争。朱次琦对此持汉宋调和立场，主张扫去汉学、宋学的门户之见，以孔子为本，但颇推崇朱熹。他的学术宗旨可概括为"四行五学"："四行"即敦行孝悌、崇尚名节、变化气质、检摄威仪；"五学"即经学、文学、掌故之学、性理之学、词章之学。[①]"四行"侧重于个体的道德修养，与宋明理学相一致。康有为对理学不算陌生，其祖父平日已有一些教导，但不如朱次琦那样系统。"五学"则主要反对专攻一经或专学一门的狭隘做法，强调博览群书，融会贯通不同的学问，以便更好实现经营世务，毕竟经世需统合不同的知识才能做到。朱次琦的主张与康氏长辈及此前教师偏重八股文教学不同，但颇合于康有为博览群书以成就一番事业的志向。

进入礼山草堂的第一年，康有为在和其他同学切磋、议论时，发现往昔的博杂之学，在经世目标下可以融会贯通，感到非常高兴。这使他更加注重博杂的阅读方式，大量翻阅《日知录》《困学纪闻》《史通》等书籍。同时，朱次琦使他自信立言并非难事，离古人不远。一次，朱次

[①] 康有为：《我史》，《康有为全集》第五集，第61页。

琦布置弟子撰写"五代史史裁论",康有为考据群书,写了一篇二十余页的文章。朱次琦评价他已是著书,不是写文章。又一次,他采用未曾学过的骈体,仿照《史通》写了一篇文章,获得朱次琦的认可。这两件事本属老师平常对弟子的鼓励与嘉奖,但康有为则理解得相当积极、正面,认定撰写论著不难,自信已找到了立言的门径。他后来称"吾自师九江先生而得闻圣贤大道之绪",找到了成为圣贤的路径。这显然对他非常重要。他少年时期即以成就一番事业自期,但缺乏名师指点,理想一直悬在空中。来自岭南大儒朱次琦的教导,为他实现远大志向提供了一条可行的路径。因此,他"于时捧手受教,乃如旅人之得宿、盲者之睹明,乃洗心绝欲,一意归依,以圣贤为必可期,以群书为三十岁前必可尽读,以一身为必能有立,以天下为必可为",[①]更加勤勉用功。

但到了第三年,即1878年,康有为在礼山学堂遭受了一次严重的精神打击。朱次琦精通古文,不取当时流行的桐城派古文而上接秦、汉。康有为师从朱次琦学文,知悉朱次琦特别推崇韩愈后,不仅找到韩愈、柳宗文的文章来读,而且将它们和已读过的先秦诸子作对比,由此产生了一个想法:自韩愈起的文学名家,讲道理不如庄子、荀子,讲治理不如管子、韩非子,因而都道术浅薄,均为空

---

① 康有为:《我史》,《康有为全集》第五集,第61—62页。

疏之谈；韩愈的名作《原道》也是浪得虚名，只是文辞好而已。他向老师当面请教，结果被严肃的朱次琦笑责为狂傲，同学们也视他为不谦逊。受此打击后，他虽然继续奋发读书，但总有失落感。

到秋冬时，康有为翻阅《四库全书》所收录的重要著作，并大概把握了它们的要义后，突然对埋首故纸堆式的读书生活感到厌恶，提出："日有新思，思考据家著书满家，如戴东原，究复何用？因弃之，而私心好求安心立命之所。"①戴东原即戴震，治学广博，精于考证，是推动清代考据学发展的重要人物、乾嘉学派的代表性人物之一，也是《四库全书》的重要编修者之一，为丛书撰写了不少考据文章。康有为本来对考据学挺有好感，已读的书中有不少是考据学著作，如毛奇龄的著作曾让他更加反对八股文。何以他突然想到考据学无助于个人的安心立命，产生厌恶？

其中的触媒应是戴震。这位被誉为考据学丰碑式的人物，据传留下了一段临终遗言："生平读书，绝不复记。到此方知义理之学，可以养心。"②遗言带有悔悟平生从

---

① 康有为：《我史》，《康有为全集》第五集，第62页。

② 康有为在《长兴学记》中曾转述戴震此句遗言，文字略有异。见《康有为全集》第一集，第342页。从文字表达上看，康有为可能阅读了《汉学商兑》。见江藩、方东树著，徐洪兴编校：《汉学师承记（外二种）》，中西书局，2012年，第325页。

事考据学而未能养心之意,颇有推重义理之学的味道。在《论语·泰伯》中,曾子说过:"鸟之将死,其鸣也哀;人之将死,其言也善。"戴震是考据学的一代泰斗,他的遗言一经传出,更推动了当时儒学内部汉宋争论的激烈化。宋学支持者用它来攻击汉学,而汉学支持者也不得不思考其中的意义,并予以反击。康有为博览群书,而且受学于调和汉宋的朱次琦,不可能不知晓这一争论。他将考据与安心立命对立,并指斥考据学无用而选择安心立命,有叛逆朱次琦汉宋调和思想的味道。这很可能是他以往接受祖父的程朱理学而对朱次琦笑责的心理反弹。这成为他后来强烈反对重视考据的古文经学的思想源头。当然,考据仍作为他表达思想的方法和手段,《新学伪经考》和《孔子改制考》即以考据的形式写作。

稍后,康有为有了不寻常的举动:

忽绝学捐书,闭户谢友朋,静坐养心。同学大怪之,以先生尚躬行,恶禅学,无有为之者。静坐时,忽见天地万物皆我一体,大放光明,自以为圣人则欣喜而笑。忽思苍生困苦,则闷然而哭。忽思有亲不

事，何学为？①

他决定要寻找安心立命之所，不再读书，将读书人看重的书籍也捐了出去，并且谢绝朋友的来往，开始静坐养心。儒学主流强调应对事物，不赞同与世隔绝式的静坐修炼。而他闭户不出、不读书，恐怕并非遵循宋明儒学的静坐修养方式。朱次琦崇尚身体力行、厌恶禅学，弟子都接受了他的这种思想，因而对康有为的静坐奇怪不已。

康有为在静坐中，产生了神秘体验。按他所描述，是感受到自己与天地融为一体，自己就是圣人，为此欣喜而笑；但转而想到自己作为圣人，却对当时天下苍生挣扎在困苦中而无能为力，郁闷至极，以至于哭。从体验内容来看，它混杂了儒、佛。一般来说，传统儒学强调万物一体的体验，从而强化人对宇宙万物的责任感，而作为理想人格的圣人，则是肩承这种责任的典范，既要有优异的个体修养，又需要有很好的外在事功，即《大学》所说的修身、齐家、治国、平天下，致力于解决苍生的困苦；而大

---

① 康有为：《我史》，《康有为全集》第五集，第62页。茅海建在阅读《我史》的手稿后，指出康有为删去了"忽思孔子则自以为孔子焉""忽自以为孔子则欣喜而笑"等语。（见茅海建：《康有为与他的〈我史〉》，《广东社会科学》2009年第1期。）实际上，由于当时康有为还未独尊孔子，用"圣人"比用"孔子"更符合他当时的实际想法。

乘佛学虽也有以普度众生为己任，悲悯众生，但没有万物一体的理念。他的神秘体验，估计是平日以圣贤自期的结果。这次自以为圣的神秘体验对他意义重大，他后来即以圣人自居。

受宋明理学的影响，传统读书人普遍以学至圣贤为目标，但自己是否是圣人，应出自他人的评价。像他那样自居为圣的，非常少，体现出他特有的"圣人情结"。"圣人情结"具有心理暗示意义，对他日后的活动产生了深远的影响。它就像一把双刃剑，具有两面性：一方面，"圣人情结"的自以为圣，使他具有强大的自信和魄力，能够固执己见而坚毅不屈，为他后续的行事提供了强大的精神动力。作为一介布衣，他能站出来倡导维新而扰动时局，能在学术上提出飓风式、火山喷发式的古文经均为假经、孔子改制、大同理论等思想，就得益于"圣人情结"所提供的非凡胆识和魄力；另一方面，过于自信很容易演为主观武断，如注解传统经典时随意更改经文，将经典作为个人思想的注脚，同时养成行事独断的做派。梁启超对其师的这一特点评价道：

> 有为之为人也，万事纯任主观，自信力极强，而持之极毅。其对于客观的事实，或竟蔑视，或必欲强之从我。其在事业上也有然，其有学问上也亦有然；其所以自成家数、崛起一时者以此，其所以不能立健

实之基础者亦以此。①

因而，这次神秘体验是理解他日后行为的一个关键因素。

康有为哭笑无常的状态，因想到回家事奉亲人而终结。1876年冬康有为已与张云珠成婚，1877年康赞修在连州因公去世，②家中只剩下母亲、新婚夫人以及弟妹等，需要他负起责任，因而在暂时没法拯救苍生的情况下，最好从身边的亲人着手。这也体现出他务实的一面，并非全然不顾实际。他后来将"大同"学说秘而不宣等，就是这种务实的表现。

同学们看到康有为哭笑无常，以为他患有心疾。而他则解释这是由于求道心切而造成"飞魔入心"③，也即常说的走火入魔。于是，他在当年冬，辞别了朱次琦，决心回家静坐，以便解决这一问题。

康有为师从朱次琦学习，实际上前后不满三年。在这不算长的时光中，他的收获颇丰。师从朱次琦，不仅让他

---

① 梁启超：《清代学术概论》，上海古籍出版社，1998年，第78页。

② 《我史》记为"光绪三年五月"（1877），《诰封奉直大夫敕授文林郎升用教授赠教谕衔连州训导康公行状》中记为"光绪四年五月"（1878）。据《清实录·德宗景皇帝实录》卷五十二为"光绪三年六月"（1877）。

③ 康有为：《我史》，《康有为全集》第五集，第62页。

找到了成为圣贤的具体途径,而且也为他提供了一份厚重的学术师承资历,毕竟朱次琦是皇帝征召过的岭南名儒。同时,在此期间产生的神秘体验,指引着他后续的行事。

此外,康赞修因公去世,按照当时朝廷定例,可以荫一子入监读书。当时,康赞修的其余两子达迁、达守已分别为候选知县、候选通判,于是康有为以长房长孙的名义获得了荫监生的资格。有了这资格,他可以不必再通过童生试,直接参加乡试,以便博取功名。而为了纪念祖父的荫德,康有为改用"祖诒"之名参加后来的科举考试,直到1895年5月中进士后,才重新用回"有为"之名,并用此名参加殿试。①

---

① 马永康:《戊戌前康有为的名、号、字问题》,《船山学刊》2013年第3期。

第二章 「大讲西学」与初次上书不达

第一节　摆脱传统夷夏观的束缚

辞别朱次琦返家后,康有为想解决"飞魔入心"的困扰。1879年正月,他进入西樵山北麓白云洞的三湖书院修炼。白云洞是明代嘉靖年间何中行、何亮父子在好友等支持下开拓的读书讲学之地。它湖山辉映,泉歌互和,秀丽清幽,后来成为儒、佛、道三教共处的福地。而三湖书院建于清乾隆五十四年(1789),位于应潮湖、鉴湖、会龙湖之间。

在西樵山上,康有为"专讲道、佛之书,养神明,弃渣滓",希望通过修学道、佛书籍,以去除"飞魔入心"。从选择的书籍来看,他应是将个人的修炼方式定位为佛、道,并非依据儒学,因为药方需对症。在这期间,他经常夜坐不睡,任由思绪飘飞,效果良好:"始则诸魔杂沓，继则诸梦皆息。神明超胜，欣然自得。"①

他很快解决了"飞魔入心"的困扰，再作推进，"习五胜道，见身外有我，又令我入身中，视身如骸，视人如豕"。②所谓"五胜道"，出自北宋晁迥。③晁迥著有《法藏碎金录》，被收录在《四库全书》的子部释家类，主要以佛学为宗，汇合道、儒。④此书卷三提出："清胜于浊，静胜于动，忘胜于思，默胜于语，性胜于情：五胜习熟，乃入道之渐门也。"康有为获悉"五胜道"，很可能是在礼山草堂读《四库全书》时。通过修习"五胜道"，他有了"出神"的新体验："我"可以自由出入身体，并且视人如猪。这一体验带有明显的道家色彩。《庄子·应帝王》载列子在学道后"食豕如食人，于事无与亲"，喂猪像侍候人一样，处理事情上不分亲疏，回复原本的质朴和纯真，平等对待一切。在这期间，他曾注解《老子》，后来抛弃了。

由上可见，康有为的修炼并无明确的师承，主要通过博杂阅读而自我摸索，显现出明显的儒、道、释混杂色彩。梁启超曾说"先生则独好陆、王，以为直捷明诚，活

---

①② 康有为：《我史》，《康有为全集》第五集，第62页。

③ 王格：《"独好陆王"：早年康有为的心学修炼及教学》，《惠州学院学报》2020年第1期。

④ "孙觌谓其宗向佛乘，以庄、老、儒书汇而为一。"见《四库全书·子部十三·法藏碎金录》"提要"。

泼有用，故其所以自修及教育后进者，皆以此为鹄焉"，①认为康有为特别偏好陆九渊、王阳明一系心学，但至少从他的修炼来看，没有明显的心学迹象，儒学之外的因素反而不容小觑。即便在儒学内部，无论从康赞修、朱次琦的偏向，还是他强调康氏以理学传家，都更偏向程朱理学。他晚年曾致信梁启超，对梁启超写他的传颇为不满："惟以汝为我写真，人必信之，然大不肖，则吾亦不敢谓汝写我之像认为我像也。"②因而，梁启超说康有为"独好陆王"，并不可靠。

在西樵山期间，除了静修之外，康有为最重要的是偶遇和朝士一起来游玩的张鼎华。

张鼎华，字延秋，番禺人，是岭南著名诗人张维屏之孙。张鼎华生于1846年，少有神童之称，十三岁戊午登科，三十二岁即入翰林，其文才在京师也享有盛名，病逝于1888年，时年四十三岁，一生未娶。③

康有为和张鼎华在西樵山因事发生争论，结果不欢

---

① 梁启超：《南海康先生传》，《康有为全集》第十二集，第424页。

② 康有为：《与梁启超书》，《康有为全集》第九集，第278页。

③ 康有为：《送张十六翰林延秋先生还京》，《康有为全集》第十二集，第144页。文廷式：《追悼番禺张延秋编修鼎华》，陆有富校点：《文廷式诗词集》，上海古籍出版社，2017年，第69页。

而散。康有为后来致书张鼎华。当时张鼎华无论年龄还是地位，都远胜于他，由于赏识他的才华，自此两人结为道义之交。此后，他经常到广州拜访张鼎华。他自言"吾自师九江先生而得闻圣贤大道之绪，自友延秋先生而得博中原文献之传"，将师从朱次琦和结识张鼎华相提并论，表明这对他意义重大。以后见之明来看，张鼎华对他的意义不仅在于了解"近时人才及各种新书，道、咸、同三朝掌故"，①而且更重要的是使他获悉当时的京城风气和朝政动态，以及张鼎华的人脉关系，重新激发起他在政治上建功立业的雄心大志。通过张鼎华，他得以结识不少当时的权贵，如结识了张鼎华的外甥梁鼎芬。

梁鼎芬，字星海，光绪六年（1880）进士，历任知府、按察使、布政使等职，后来成为张之洞的重要幕僚，对康有为的社会政治活动提供了不少帮助，尽管最后两人不和。

同年秋，康有为的叔父们不满于他的游荡，以断绝钱粮胁迫他回家参加乡试。或许还受到张鼎华的激发，康有为恢复了自信：既然老天赋予聪明才智，应该以"经营天下"为志向，拯救万民于困苦之中。

这样，他结束了西樵山的自修生活，返回家中，但决然舍弃八股之学，一边养心，一边读《周礼》《王制》

---

① 康有为：《我史》，《康有为全集》第五集，第62页。

《太平经国之书》《文献通考》《经世文编》《天下郡国利病书》《读史方舆纪要》等书,认真思考,并做笔记。他选择阅读这些书籍,是因为它们都是经世的重要文献,同样关注社会制度。这表明,他已确立以制度为治学取向,以便落实他经营天下的志向。廖平评价他"平生专以制度说经"。①他的选择不难理解,制度与社会生活的好坏息息相关,直观可见。要使民众过上幸福生活,一套好的社会政治制度显然必不可少。后来,他还读了江南制造局翻译馆主办的《西国近事汇编》、李圭《环游地球新录》等数种西学书籍,开阔了眼界。这是他接触西学之始,还比较零散。

同年冬,康有为游观香港,给他带来了不小的冲击。他感触甚深地写道:"览西人宫室之瑰丽、道路之整洁、巡捕之严密,乃始知西人治国有法度,不得以古旧之夷狄视之。"②要理解他的感触,需要了解当时知识界的夷夏之辨。

夷夏之辨是传统儒学的一个重要话题。在早期中国历史中,华夏族居于中原地带,周边按方位居住着东夷、南蛮、西戎、北狄等,简称夷狄。由于中原地带具有得天独厚的地理优势,华夏族的社会经济发展快速,礼乐文化发

---

① 李燿仙主编:《廖平选集(上)》,巴蜀书社,1988年,第447页。

② 康有为:《我史》,《康有为全集》第五集,第63页。

达，文明程度明显高于周边的夷狄。而在春秋时期，夷狄时常侵扰中原，华夏诸国不断以"攘夷"为号召，对付夷狄。孔子在这基础上，在《春秋》中以礼乐文化的程度作为标准，提出了"夷夏之辨"：如果夷狄采用了华夏的礼乐文化，就应视为华夏；反之，如果原来的华夏采用了夷狄的礼俗文化，则应视为夷狄。在孔子的思想中，夷、夏的分辨是以礼乐文化的进退为依据，具有相对性、开放性的意义，用于处理华夏与周边部族的关系。由于在很长的历史时期内，中国文明都领先于周边国家，原本相对的、开放的夷夏观念逐渐被绝对化、封闭化：中国是夏，周边国家是夷。特别是清代，在"天朝大国"的文化自大心态影响下，绝大多数士人都持封闭的夷夏观念，将西方视作传统的夷狄，将它们想象成伦理道德极其不堪的社会，在对外关系上严守夷夏之防。

即使被喻为睁眼看世界的士人代表魏源，也未能摆脱这种观念。魏源在《海国图志》提出的著名口号"师夷长技以制夷"，就用"夷"称谓西方。

康有为受传统教育熏陶，开始很自然就接受了这种封闭的夷夏观念。当他到香港后，眼前的一派新景象让他艳羡不已，同时感慨国土的沦丧，赋诗《初游香港睹欧亚各洲俗（己卯冬月）》："灵岛神皋聚百旅，别峰通电线单微。半空楼阁凌云起，大海艨艟破浪飞。夹道红尘驰腰袅，尚山绿围闹芳菲。伤心信美非吾土，锦帕蛮靴满

目非。"①他对制度的偏爱，使他感受到西方治理的"信美"，敏锐地意识到西人的治理方式确有其独特之处，不禁发出不能再以传统的夷狄来看待西方。这意味着他的传统夷夏观开始松动，但要完全摆脱这观念的束缚，还有待机缘。随后，他就去阅读魏源的《海国图志》、徐继畬的《瀛环志略》等书籍，购买世界地图，并收集西学书籍，以便进一步研究西方。

香港之行虽然促使康有为关注西学，但并未决定性地扭转他对西学的看法。他回到家乡后的1880—1881年，还没有大举学习西学。由于经济原因，他不能出游，在家给晚辈上课，平时则继续他博杂的阅读，既从事《说文》《皇清经解》等以考据为主的汉学，又读宋儒书籍及各类史书等。值得注意的是，由于经学研究的需要，他在1880年接触并研究了公羊学。

公羊学是今文经学主流的核心理论，后来他即以今文经学成名。所谓今文经学，相对于古文经学而言。在西汉汉武帝独尊儒术时，儒家经籍都用当时的隶书写定，但到了西汉晚期，出现了用战国时期文字写成的儒家经籍。为作区别，前者就被称为今文经，后者被称为古文经。围绕着今、古文经，形成了思想宗旨不同的今文经学和古文经

---

① 康有为：《康南海先生诗集》，《康有为全集》第十二集，第143页。

学。概略而言，今文经学认为孔子是有王者之德而无王位的"素王"，为后世万代创立了一套理想的法制，致力于经世；古文经学则认为孔子是历史家，传承了古代圣王的礼乐制度，因而致力于通过考据训诂等方法来还原古代的制度。

然而，康有为最初接触"公羊学"时并没产生好感，反而撰写《何氏纠缪》，批评东汉公羊学大师何休的学说，要纠正其谬误。无论如何，这次研读为他后来转向今文经学提供了一定的思想基础。

1882年，朱次琦去世，康有为和其他同门操办了丧葬事宜。

6月，他从海路至天津，参加在京师举行的乡试，但没有成功。借着此次乡试，他游观了京城，也通过张鼎华结识了一些京城权贵；同时留意碑刻等，这为后来撰写《广艺舟双楫》作了准备。在回程时，他又顺道游览了扬州、镇江、南京等地，顺道经过上海。上海当时设有外国租界，由英美法等国管理，呈现出一派繁华景象。他写道："道经上海之繁盛，益知西人治术之有本。舟车行路，大购西书以归讲求焉。十一月还家，自是大讲西学，始尽释故见。"[1]

继香港之后，上海的繁华再进一步冲击他的夷夏观。

---

[1] 康有为：《我史》，《康有为全集》第五集，第63页。

如果只是香港繁华，那可能是偶然，但上海同样繁华，就无法以偶然来解释。而繁华只是治理效果的呈现，内中必定有深层的价值等作支撑，即"益知西人治术之有本"。他本就关注治理问题，这一发现更激发了他探寻西方治理之道的兴趣。梁启超说："及道香港、上海，见西人植〔殖〕民政治之完整，属地如此，本国之更进可知。因思其所以致此者，必有道德学问以为之本原。"[1]他从此对西学完全改观，彻底摆脱了传统夷夏观的束缚。而当时的上海恰是中国西学的传播中心，中文西学书籍出版较多，他购买了大量西学书籍，准备返乡后大力钻研西学。

---

[1] 梁启超：《南海康先生传》，《康有为全集》第十二集，第424页。

第二节 "大讲西学"与兼摄古今、中西

康有为在1882年末返乡后,接下来的几年潜心治学。他没有搁置中学,仍旧读《东华录》《大清会典则例》《十朝圣训》《朱子语类》及掌故书等,以便从中学寻找治理之术,也不时到海幢寺、华严寺等地读佛学典籍,继续修养心性。这使他更加坚定了救济众生的志向:"其来现也,专为救众生而已。故不居天堂而故入地狱,不投净土而故来浊世,不为帝王而故为士人,不肯自洁,不肯独乐,不愿自尊,而以与众生亲,为易于援救。"①其中就将地藏菩萨的"众生度尽,方证菩提;地狱未空,誓不成佛"誓愿与儒学思想杂糅起来。

与此同时,一个明显的变化是大量增加了西学内

---

① 康有为:《我史》,《康有为全集》第五集,第64页。

容。据其自编年谱光绪九年（1883）条载："购《万国公报》，大攻西学书。声、光、化、电、重学及各国史志，诸人游记，皆涉焉。于是欲辑万国文献通考，并及乐律、韵学、地图学。"①

《万国公报》是美国传教士林乐知1868年在上海创办并主编的中文刊物，原名为《教会新报》，开始时主要以宣传基督宗教为主；1874年更名为《万国公报》，并调整了办刊方针，大幅增加介绍西学的内容，是近代中国介绍西学的重要刊物。它是年谱中唯一具名的西学书刊。

康有为特别提到它，不仅因为它在当时的影响力巨大，可作为西学书刊的代表，而且与他关系匪浅：他曾参加它在1894年主办的征文，获得六等奖；同时，他于1895年在京师创办过一份刊物，即使用此名。

康有为自言"大攻西学书"，当然不只限于阅读《万国公报》一种，那他还阅读了哪些西学书刊？他1894年在桂林讲学时，曾为求学者开列了一份书单，可补充年谱记载的不足。这份书单所涉及的西学书刊，分布在兵学、地志、律法、政俗、"西学"、外交、数学等类中，具名的书目有五十多种。

其中，地志包括了当时出版的各国中文史志；政俗包括了《德国议院章程》《西国近事汇编》、各类出使日

---

① 康有为：《我史》，《康有为全集》第五集，第63页。

记、游记等;"西学"指西方自然科学,包括了《谈天》《地理浅识》《动物学》《植物学》《光学》《声学》《电学》《重学》《化学》《格致汇编》等。对于这些西学书刊,他还作了简单点评,如"《格致汇编》最佳,农桑百学皆有",并夹注道:"此书是丛书,各种学皆有。"①

《格致汇编》是英国傅兰雅1876年在上海创办并主编的刊物,大概停刊于1892年,主要介绍西方自然科学,在当时有着很大的影响。所谓"丛书",相当于现在的期刊。就所作的点评来看,他应看过这些书,而且大部分很可能在这时期内阅毕。②但是,他在大量阅读之后,发现它们无法满足他的急切需求。

康有为不懂外文,希望借助中译西书来寻找西人的治理方法等,可是当时的中译西书偏重于自然科学,人文社科领域非常少。这是由于当时西学的译介主体主要是官办的译书局和西方在华传教士。官方力量出于自强和求富,译介内容主要集中在军事、自然科学上,如江南制造局翻译馆;而传教士尽管有全面介绍西方文明以消解传

---

① 康有为:《桂学答问》,《康有为全集》第二集,第23页。
② 康有为《澹如楼日记》1887年"看《格致汇编》第二年第九卷"等阅读西学书刊的记载。但由于日记不全,无法确知具体的阅读情况。从他的《实理公法全书》等早期著述以及后续忙于讲学、社会政治活动来看,推测其大部分西学书刊在1883—1888年阅读。

统士人"天朝大国"心态的用意,但鉴于译介西学并非主要职责、译介人文社科书籍较自然科学难度大等因素,在人文社科领域的译介比较少。因而,他在1886年曾通过张鼎华,向当时的广东总督张之洞建议开局译西方治理书籍等:"中国西书太少,傅兰雅所译西书,皆兵、医不切之学。其政书甚要,西学甚多新理,皆中国所无,宜开局译之,为最要事。"①1888年致信曾纪泽,向他请教西方政制,说"生平所念西书,无言及此者",并提出译西方制度"此亦今日之要"。②这充分表明他向西方的学习不再局限于浅层的器物,而希望学习政制等更深层的内容。

尽管当时中译西书在人文社科领域有着明显的缺失,康有为所能利用的西学资源不多,但这段时期的治学对其思想发展有着极其重要的作用。他自称"新识深思,妙悟精理,俯读仰思,日新大进",③亦即通过学习新知,再加上其妙悟的能力,对西学的精髓有一定程度的把握。对此,梁启超曾写道:

> 彼时所译者,皆初级普通学,及工艺、兵法、医学之书,否则耶稣经典论疏耳,于政治、哲学毫无所及;而先生以其天禀学识,别有会悟,能举一以反

---

① 康有为:《我史》,《康有为全集》第五集,第65页。
② 康有为:《与曾劼刚书》,《康有为全集》第一集,第177页。
③ 康有为:《我史》,《康有为全集》第五集,第63页。

三，因小以知大，自是于其学力中，别开一境界。①

这种"别有会悟"体现在许多方面，如：认识到西方科学的"实测"（即经验观察）特点，认为"中国人向来穷理俱虚测，今西人实测"②，并一度将它作为纪事、立说的基本依据；③把握了几何学的公理演绎系统，并运用这种方法来撰写《实理公法全书》；在严复系统介绍进化论之前，已经从当时传入的西学中悟出进化的基本原则，并在社会领域中使用；等等。当然，由于是靠个人的天赋来把捉西学并予以融会，其中不免理解不准确之处，但这些新知、妙理使他突破了洋务派向西方学习器物的整体思路，深入到政制、价值等层面，并成为他思想中的新鲜"血液"，为他的社会政治活动及其思想体系的建构提供了理论依据。同时，由于他借助于中学来会悟西学，因而其学说必然以中学为主而吸纳西学。

康有为自编年谱中记载的第一次社会政治活动——在乡创办不裹足会，即与修习西学相关。中国妇女的缠足陋

---

① 梁启超：《南海康先生传》，《康有为全集》第十二集，第424页。

② 康有为著，楼宇烈整理：《长兴学记·桂学答问·万木草堂口说》，中华书局，1988年，第90页。

③ 康有为《万身公法书籍目录提要》提出："凡纪一事，立一说，必于'实测'二字，确有可据，从见金同，其文乃定。"见《康有为全集》第一集，第143页。

习大致始于北宋后期，兴起于南宋。①康有为所处的南海，缠足风气就很盛，一般女孩四五岁时便开始缠足。他自称早年曾为小两岁的三妹解足，其《述德诗五十首》有"三妹琼琚少静娴，吾伤裹足解缠难"句，并自注"琼妹幼裹足，吾即解之，吾誓解缠足自此始"。②当然，当时他还很小，只是对缠足伤害身体有着感性的认识。1883年，他的大女儿同薇五岁，已到缠足的年龄。他认识到裹足对身心的伤害，因而顶住乡邻的非议，坚决不为同薇缠足。

由于裹足已成为社会风习，不缠足已然超出个人，已和未来的婚配相关：富贵人家不娶，只能做妾婢。为解决这问题，他听闻邻近的松塘村区谔良家也不缠足，就前往商议。区谔良担任过赴美留学生监督事宜，曾在美国生活过，受到西方的影响。他们两人一起在南海创办了不裹足会，规定入会者让已婚、未婚的妇女都不缠足，并将子女名称写上，以备未来婚配选择。由于当时朝廷禁止立会，后来区谔良担心触犯禁忌，这会后来就解散了，而他则坚持不给家族的女孩裹足。康有为设立此会，应是受益于《万国公报》的启发。

自明末来华的天主教传教士早就对中国妇女的缠足非常关注，近代来华的新教传教士更是公开批评缠足。《万

---

① 见高洪兴：《缠足史》，上海文艺出版社，1995年。

② 康有为：《康南海先生诗集》，《康有为全集》第十二集，第299页。

国公报》早已刊载过一些反对缠足的文章，其中1879年《厦门戒缠足会》报道了传教士于1877年在厦门设立戒缠足会的事。他看过《万国公报》，所写的《戒缠足会启》所持依据、做法都与厦门戒缠足会相近，无疑受此启发。①因而，他声称自己所办的不裹足会"实为中国不裹足会之始"②，这并不可靠。但他应是最早创办不缠足会的传统士人之一。而这次实践，也是维新派反对缠足的开始，1895年他又和弟弟康广仁创办粤中不缠足会，在1898年又上奏请求禁止缠足。这系列的活动，对于推动近代中国的妇女解放有着重要的意义。

更重要的是，康有为在"圣人情结"的促动下，试图兼摄古今、中西，以实现救世济民的志向，撰写了一系列著述。这些早期著述，根据其目标可大体分为两类：

第一类，着眼于中国的治理。它们以中国传统的伦理治术为核心，同时吸纳西学，以寻求中国的大治。主要包括《教学通义》《民功篇》和《康子内外篇》。

《教学通义》撰成于1886年，③主要阐述了传统教、学

---

① 董士伟：《康有为佚文〈戒缠足会启〉及其评价》，《历史档案》1992年第1期。

② 康有为：《我史》，《康有为全集》第五集，第64页。

③ 《我史》光绪十二年（1886）条有"又著《教学通议》成"（《康有为全集》第五集，第65页）。朱维铮、黄开国等认为文中有受廖平经学影响的内容，而康有为和廖平相晤在1890年，因而此书后来有修改。但此说理据还不够充分。此处依据《我史》的记载。

从尧舜到朱熹的历史演变过程，并对当时的教、学提出建议。其中，康有为以人和动物的根本差别在智（理智）作为教、学的理论基础，①提出应由朝廷以"治教合一"的方式来推动教与学，迅速提高民智，以达到大治的目标。至于教学内容，则集中在礼教伦理和事物制作："礼教伦理立，事物制作备，二者人道所由立也。礼教伦理，德行也；事物制作，道艺也。后圣所谓教，教此也；所谓学，学此也。"②强调礼教伦理，不仅因为这是传统教化的重心，而且蕴有对抗基督宗教在中国快速传播之意："滇、粤之间，百里无一蒙馆，以巫为祭酒，为其能识字也，故耶稣教得惑之。今遍滇、黔、粤间皆异教，以民无教化故也。"③通过礼教伦理教化国人，以遏制基督宗教的传播。而事物制作则偏于物质条件的提升，明显是要借鉴西学，以图在中国发展科学技术。值得注意的是，康氏在此书并尊周（公）、孔（子），认为古文经以《周礼》为宗，是周公之制；今文经以《春秋》《王制》为宗，是孔子改制之作。④

---

① "教学不知所自始也？人类之生，其性善辨，其性善思，惟其智也。"见康有为：《教学通义·原教第一》：《康有为全集》第一集，第20页。
② 康有为：《教学通义》，《康有为全集》第一集，第20页。
③ 康有为：《教学通义》，《康有为全集》第一集，第53页。
④ 康有为：《教学通义》，《康有为全集》第一集，第50页。

《民功篇》未见于刊行的年谱中，但手稿本1887年条有"是岁草《民功篇》"，后被删改。①《教学通义》有"黄帝至尧、舜仅百年，制作为人道之极美。余别有说，详《民功篇》"②。由此，《民功篇》应与《教学通义》差不多同时撰成，很可能就是1887年。它主要以摘引古书并加按语的方式组织，考证了庖牺、神农、黄帝、尧、舜、禹这些古代圣王有益于生民的制作，强调事物制作对于提高民众生活的意义，与《教学通义》推重事物制作相一致。康有为撰写此书，并非要发思古之情，而是借古代圣王来批评秦汉以来传统统治忽视民生，导致民生日艰的弊端：

　　　　晦盲否塞，大道不明，青黄颠倒，以杀人为贤，而置人生于不论不议之间，使二千年民功不兴，日即于偷，民日以艰，皆经义不明之咎也。夫以中国礼仪之邦，尧、舜治法之美，而今生民涂炭至此，君子所为痛心疾首于秦、汉之君，而深罪二千年之学者也。③

　　尽管他的不少说法可待商榷，但体现出他关注民生，

---

① 茅海建：《"康有为自写年谱手稿本"阅读报告》，《近代史研究》2007年第4期。
② 康有为：《教学通义》，《康有为全集》第一集，第20页。
③ 康有为：《民功篇》，《康有为全集》第一集，第94页。

并将民生作为统治合法性依据之一的想法。

《康子内外篇》的撰著时间有争议。年谱有两条相关记载：1886年条记，"是岁作《内外康子篇》，内篇言天地、人物之理，外篇言政教、艺乐之事"。①1887年条记，"作《内外篇》，兼涉西学，以经与诸子推明太古洪水折木之事、中国始于夏禹之理，诸侯犹今土地司，帝霸乘权，皆有天下，三代旧事旧制，犹未文明之故。"②所谓《内外康子篇》《内外篇》似指《康子内外篇》。在1889年致信沈曾植时称"所著《内外篇》，说天人之故，行且次之呈览"③，当时似已全部完成。现存《康子内外篇》共十五篇，后六篇生前未刊，前九篇在1899年曾刊发于《清议报》，注谓系"南海先生二十岁前旧稿"。由于文中涉及西学内容较多，而他二十多岁才读西书，"二十"很可能是"三十"之误。④现存的《康子内外篇》不分内、外，内容和年谱所载有较大出入，倒是与年谱1884年条记的思想相合：

> 合经、子之奥言，探儒、佛之微旨，参中、西之

---

① 康有为：《我史》，《康有为全集》第五集，第65页。
② 康有为：《我史》，《康有为全集》第五集，第67页。
③ 康有为：《与沈刑部子培书》，《康有为全集》第一集，第239页。
④ 赵立人：《康有为》，广东人民出版社，2012年，第20页。

新理，穷天、地之賾变，搜合诸教，披析大地，剖析今故，穷察后来……以是为道术，以是为行己。①

而且，前九篇和后六篇有一些思想不一致。如开篇《阖辟篇》赞赏中国君权独尊，鼓吹君主用君权来实现强盛的治理，为达目的，可以使用重刑和愚民政策，②但后面《人我篇》则批判中国习俗，鼓吹平等：

中国之俗，尊君卑臣，重男轻女，崇良抑贱，所谓义也……物理抑之甚者必伸，吾谓百年之后必变三者：君不专、臣不卑，男女轻重同，良贱齐一。呜呼！是佛氏平等之学矣！③

这似乎不是后来改作的问题。如果后来改作，不可能不加入孔教、今文经学或者"天游"之类的中晚期思想。
这些不一致是可以理解的，鼓吹君权独尊，是为了以最快的方式使中国摆脱当时面临的积弱困境，而平等则是对未来趋势的预测。可能是由于后六篇在当时不合明宜，

---

① 康有为：《我史》，《康有为全集》第五集，第64页。
② 康有为：《康子内外篇·阖辟篇》，《康有为全集》第一集，第97—99页。
③ 康有为：《康子内外篇·人我篇》，《康有为全集》第一集，第108页。

如鼓吹平等、反对孟子、强调传教等,因而未予刊出。

不管如何,《康子内外篇》反映出他早期的哲学思考,与传统儒学有着明显分歧:在人性问题上,他持人天生只有爱恶之情而没有善恶的看法,认为善并非"天理",善恶只是人后天的习得,同时强调人的欲望,将"不忍之心"也当作是欲望的体现。这颇近于告子的人性论,带有西方自然人性论的色彩。在德性关系上,他特别强调"惟智能生万理",将智作为人禽之别的核心,明确反对宋明理学以仁来统领义、礼、智的说法,提出仁智并举:"就一人之本然而论之,则智其体,仁其用也;就人人之当然而论之,则仁其体,智其用也。"①"一人之本然",指个体的本来状态;"人人之当然",指社会的价值或道德。他从个体和社会两个不同层面来看待仁、智关系:就个体来看,智体仁用,这是由于仁要通过智才能生发、显现出来;就社会来看,仁体智用,这是说社会的发展应该合乎仁德,而智通过其制作功能,使仁能在社会中有更好的落实。他的这一想法,承接清代戴震、焦循等的重智取向,但特别重视智的认知创制对社会发展的推动作用,因而在儒学框架内努力提升智。他所理解的智,相当于现代所说的理智,已经不同于孟子以来作是非道德判断

---

① 康有为:《康子内外篇·仁智篇》,《康有为全集》第一集,第109页。

的智德。

第二类，放眼全人类，致力于探求使全人类过上快乐生活的制度。据留存下来的《万身公法书籍目录提要》来看，康有为曾有一个大的计划，要编定一套"万身公法"，"欲使地球上之人共议之，然后共修之"。①所谓"万身公法"，相对于丁韪良翻译的《万国公法》而言。"万国公法"被认为是处理国际间事务的通用法则，因而"万身公法"应是处理世界上人际间事务的通用准则。按其所述，这套公法包括《实理公法全书》《公法会通》《祸福实理全书》《地球正史》《地球学案》，但目前仅有《实理公法全书》和《公法会通》留存。《公法会通》只有几百字，主要是介绍"公法"的使用、推行等问题；《实理公法全书》被他称为"万身公法之根源，亦为万身公法之质体"②，无疑最重要。

《实理公法全书》的撰写时间争议较大。他自编的年谱1885条记道：

从事算学，以几何著《人类公理》。既而张延秋招游京师，二月将行，二十三日头痛大作，几死。日

---

① 康有为：《万身公法书籍目录提要》，《康有为全集》第一集，第143页。
② 康有为：《万身公法书籍目录提要》，《康有为全集》第一集，第143页。

49

读医书，既而目痛不能视文字。医者束手无策，惟裹头行吟于室，数月不出，检视书记遗稿，从容待死。乃手定大同之制，名曰《人类公理》。以为吾既闻道、既定大同，可以死矣。

由此可见，创制一套理想的制度是他的精神性命所寄。1886年条记："又作《公理书》，依几何为之者。"1887年条又记："是岁编《人类公理》，游思诸天之故，则书之而无穷也。"①这三条所载书名不同，但都与几何公理相关。在康氏现存著述中，仅有《实理公法全书》仿照几何学演绎公理系统来写，因而不少人推测自编年谱所指可能是此书。然而，这书在"夫妇门"中引用了1891年法国巴黎的离婚、婴儿出生数据，最后完成应在1891年后。他可能在1887年完成主体的撰写，后来有修改。

这本《实理公法全书》，无论是撰著形式还是思想内容，都颇具创新性。

形式上，康有为采用几何学的公理演绎系统来撰写。全书首先对"实"和"公"进行解释和定义，类似于几何学中的定义；其次，分"人类""夫妇""父母子女""师弟""君臣""长幼""朋友""礼仪""刑

---

① 康有为：《我史》，《康有为全集》第五集，第65、67页。

罚""教事""治事"等门类阐述其准则。每类先给出"实理",即对处理本类问题的相关依据或原则,再列出从"实理"推出的"公法",即理想的准则;这两部分类似于几何的公理或定理。最后是"比例",将所知悉的各国历史上及当前的准则,按背离"公法"的程度由小至大分别排列,这类似于几何中的推论。"公法"和"比例"均加有按语,给出简略的解释或说明。采用公理演绎体系来撰写,看中的是它的逻辑严密性和普遍性,可以避免一些不必要的争论。西方采用这种体系来撰写著作的,比较著名的有斯宾诺莎《伦理学》;而在近代中国,康有为应该是最早采用这种公理演绎体系来撰述的传统士人。

思想内容上,康有为以平等、自主作为出发点,来构建起整个人际间的准则。颇有意思的是,全书没有明显的儒学色彩,仅在安排门类次序时借用了传统儒学的五伦。更重要的是,"比例"中暗含着对传统五伦的批判。仅以"长幼门"为例。此门"实理"两条:一条是"长幼特生于天地间者,一先一后而已。故有德则足重,若年之长幼,则犹器物之新旧耳";另一条是"轮回之实理,则长复为幼,幼又成长"。康有为用佛教轮回说作"实理",去除了长幼之分的时间先后性,从而消解了由此建立起来的伦理意义,突出了德的重要性。由这些"实理"引申出来的"公法"是:"长幼平等,不以人立之法施之。"所加按语为:"长幼二者,既均无可以偏重之实理,则不必

加以人立之法。以平等行之，正几何公理所出之法矣。"意谓长幼既然没有可偏重的客观理据，应该以平等这一"几何公理"来对待，即长幼平等。"比例"两条，第一条是："长尊于幼。按：此乃人立之法，然实未能有益人道。"这即传统儒学所倡导的"兄友弟悌"、尊重长辈。他认为，这没有"实理"依据，只是人为设立的法则，对人类生活不能带来太多的益处。第二条是："幼尊于长。按：此更无益人道。"[①]这条可能是他从理论上推导出来的准则，因而被置于第一条之下。这两条"比例"都不合于平等的价值，因而需要被"公法"取代。这也意味着传统儒学的兄弟伦常在他眼中只是人为设立的准则，不具有永恒的价值。

由"长幼门"可见，康有为的《实理公法全书》是以绝对的平等、自主为原则，希望建构出一套超越文化差别而能为全地球人类认可的处理人际间事务的准则体系。由于以绝对的平等、自主为原则，所提出的"公法"抽空了历史文化、人的情感等复杂因素，过于简单化、理想化。而在"公法"的比照下，传统儒学的五伦在"比例"中的地位并不高，基本被定性为"无益于人道"。这实即以隐含的方式开启了近代全面批判传统儒学道德的先声，通过

---

① 康有为：《实理公法全书》，《康有为全集》第一集，第153页。

梁启超对谭嗣同的《仁学》产生了影响。而他对人类未来理想社会的设计，在后来的《大同书》中以更恢宏的形式展现出来。

这两类撰述分别体现了康有为试图兼摄古今、中西学问来思考救中国和救全人类，分别属于现实和理想两个层面。当然，理想是现实发展的指南，但现实不能急速跳至理想，而应采用渐进的改良方式来达到。为此，康氏特意写道：

> 公法最有益于人道，固不待言，然行事亦当有次序也。假如某国执政之人深知公法之美，甚欲变法，然其国现时所用之法，仅在比例之末，则转变之始，当变为彼例之首者，俟再变乃至直用公法，庶无骤变而多伤之患也。①

亦即为了保持社会的稳定，避免社会急剧变化而对民众带来过多的伤害，需要先以第一条"比例"作为目标，最后再使用"公法"，分步而行。而且，他寄希望于"某国执政之人"进行变法，和《教学通义》《康子内外篇》推崇"治教合一"的想法一致。不管怎样，这都体现出其"务致诸生于极乐世界"的志向。

---

① 康有为：《公法会通》，《康有为全集》第一集，第161页。

第三节　初次上书不达与撰写《广艺舟双楫》

康有为通过学习西学，天朝上国心态已然尽除，清醒地认识到当时中国正处身于诸国并立的世界。在这世界中，弱肉强食，只有强者才能在残酷的生存竞争中获胜："夫既诸国并峙，则其雄强者不能无争。弱肉强食，则雄强者益大。"[①]可是，自1884年中法马江战败后，清朝国势日衰，正处于危急存亡之间。只有尽快变法，中国才能避免被西方列强吞并的局面。他自感几年的潜心修学，"时讲求中外事已久"，[②]对国事已有相当把握，准备在政治上有所作为。

1888年，顺天举行乡试，而且张鼎华也曾多次邀请康

[①] 康有为：《民功篇》，《康有为全集》第一集，第73页。
[②] 康有为：《我史》，《康有为全集》第五集，第72页。

有为游京师。康有为于是决定进京，一方面是参加科考，但未能高中；另一方面则准备上书言国事，亦颇为受挫。对于这次上书，从《除夕答从兄沛然秀才，时将入京上书》诗作来看，他似乎提前大半年时间作了准备，很可能想借助张鼎华之力，毕竟布衣上书，颇触朝廷大忌。他五月起程，到达北京后，恰逢张鼎华病重，不久即逝，他只好为其营丧。张鼎华的去世，他只能另谋途径上书。于是，康有为不断求见当时的清流派权贵，希望得到他们的支持。

晚清清流派分为前后两代，前代以军机大臣李鸿藻为首，后代以帝师翁同龢为首。清流派虽然坚守儒学传统，对政策、纲纪等颇敢于直言，不同于守旧的顽固派，在士人群体中颇享清誉，但都好为空言，不喜谈洋务。因而，大多数清流高官对他态度冷淡，如翁同龢、徐桐等拒绝见他，少数如屠仁守、黄绍箕等则颇赏识他的才华。但他并未因此而沮丧，而是寻找时机作一次政治冒险。八月，清朝皇族祖陵永陵所在的奉天一带，由于连续的大雨，浑河水泛滥，发生了百年未有的洪灾，永陵受到严重的冲击。按照传统，祖陵遭逢天灾，皇帝通常要下罪己诏，并常有特赦。他瞅准了这个时机，草拟文书，并经在京当官的朋友沈曾植修改，准备上书。

康有为的上书名为《为国势危蹙祖陵奇变请下诏罪己及时图治折》即《上清帝第一书》，充分利用了此次天

灾。开篇即描述中国正处于内外交困的危殆现状：一方面是列强对中国的觊觎。"窃见方今外夷交迫，自琉球灭、安南失、缅甸亡，羽翼尽剪，将及腹心。比者日谋高丽，而伺吉林于东；英启藏卫，而窥川、滇于西；俄筑铁路于北，而迫盛京；法煽乱民于南，以取滇、粤"；另一方面是内部的危机。"教民、会党遍江楚河陇间，将乱于内"，"兵弱财穷，节颓俗败，纪纲散乱，人情偷惰，上兴土木之工，下习宴游之乐，晏安欢娱"，朝廷对此没有危机意识。尤其是天灾不少，特别是皇族发祥地永陵被水灾严重冲击。而且，未来将会更危险："近者洋人智学之兴，器艺之奇，地利之辟，日新月异。今海外略地已竟，合而伺我，真非常之变局也。"①中国正处于敌国并立的世界，面对的是危急存亡的"非常之变局"。中国只有急起图治，才能振起，避免被列强吞食。

怎样图治？他给出的建言是"变成法""通下情""慎左右"三条。

所谓"变成法"，就是改变当时的治理方式。他提出，"今天下法弊极矣"，官员职责不明，人浮于事，为此需要变法。但要变法，首要的是清除当时盛行的"祖宗之法不能变"观念。对此，他认为：清朝采用的法例并非

---

① 康有为：《上清帝第一书》，《康有为全集》第一集，第180—181页。

列圣所制，而是采自明朝的遗制，顺治帝时已经改变了清太祖、太宗原来的法例；周、汉人在治理上追求因时通变，以便长治久安："夫治国之有法，犹治病之有方也，病变则方亦变。若病既变而仍用旧方，可以增疾，时既变而仍用旧法，可以危国。"而中国当时处于敌国并立之世，与和平时期不同，必须变通。由此，"变成法"被解释为"但变六朝、唐、宋、元、明之弊政，而采周、汉之法意，即深得列圣之治术者也"。①他的策略是借助列圣的治术来抗衡祖宗之法。同时，他以日本在短的时间内变法即取得良好效果为例，乐观地认为"变法则治可立待"。

所谓"通下情"，就是顺畅君民的信息传达。他引经据典，并使用周、汉设有主管言议之官为例，提出"增设训议之官，召置天下耆贤，以抒下情"。②

所谓"慎左右"，就是要求光绪皇帝亲政后谨慎选择官员，辨其"忠佞"。

康有为在建言中并没有提出太明显的具体变法措施，颇类于陈词滥调，与早期著述中的思想有较大差别。这主要是因为他布衣上书本身已经惊世骇俗，不免要讲究策略：既要倡言变法，又要与洋务派、保守派划清界限，迎

---

① 康有为：《上清帝第一书》，《康有为全集》第一集，第182—183页。

② 康有为：《上清帝第一书》，《康有为全集》第一集，第184页。

合清流党，同时不能过度刺激龙颜。在这些陈词之下，可以发现：第一，在托古的言辞下，掩映着他对当时专制体制的批评，如官制不合理、"上体太尊"等。第二，期望获得光绪赏识，跻身权力层，以便实现个人抱负。按其后来致信沈曾植时说，他"日日睹小民之难，无以济之，则不得不假有国者之力"①。在上书中，他反复提到"如欲采闻之……臣愚愿尽言于后也。尤望妙选仁贤，及深通治术之士，与论治道，讲求变法之宜而次第行之"，"妙选魁垒端方通知古今之士，日侍左右"等，②自荐之意溢于言表。"深通治术之士""通知古今之士"，不就是指他自己吗？

康有为写好上书后，于十月请祭酒盛昱通过国子监的途径代递。翁同龢看到后，觉得"语太讦直"，而且"同乡京官无结"（清代规定，无上书资格的人要向朝廷进言，须要同乡京官出具的身世证明），拒绝代递，但摘抄了其中不少内容，表明私下甚赏识他的才华。③到1889年正月，屠仁守以言事革职，而且光绪大婚，慈禧太后归政，

---

① 康有为：《与沈刑部子培书》，《康有为全集》第一集，第237页。

② 康有为：《与沈刑部子培书》，《康有为全集》第一集，第183—184页。

③ 转引自孔祥吉：《晚清佚闻丛考：以戊戌维新为中心》，巴蜀书社，1998年，第144—145页。

再言国事已不合时宜。上书一事即告中止。尽管上书未成，但他以布衣上书在清代极其罕见，惹得京城朝野一片哗然，谣言高涨，以至有同乡提出要将他赶出京城。但他因还要参加来年恩科，尽管陷入内外交困的状态，并未离开京城。

就在康有为困顿之时，好友沈曾植等劝他勿言国事，最好是以与国事无关的金石作为消遣。①康有为在1882年进京科考时，即已留意碑刻，当时已购买汉、魏、六朝、唐、宋碑版数百本。②这次到京科考，又看到潘祖荫、盛昱等所藏的钟鼎文数以千计，号称已"尽观京师藏家之金石凡数千种，自光绪十三年（1887）以前者，略尽睹矣"。③由于已有丰富的碑刻资料积累，他听从沈曾植的劝导，每日读碑。

康有为本想撰写一本金石学书，以它作为经学的辅助，但清代金石学发达，类似的著作已不少。而当时从书论进路研究金石的著述甚少见，著名的仅有清中期包世臣的《艺舟双楫》。包著是书信、跋文集，分六卷，前四卷论文学，后两卷论书法，将文学、书法喻为艺术之舟

---

① 康有为：《我史》，《康有为全集》第五集，第72—73页。

② 康有为：《广艺舟双楫》，《康有为全集》第一集，第279页。

③ 康有为：《广艺舟双楫》，《康有为全集》第一集，第269页；《我史》，《康有为全集》第五集，第73页。

的双桨。包著是最早从书法角度推崇碑学的著作,对后世影响颇大,如"故欲见古人面目,断不可舍断碑而求汇帖已""古人论真行书,率以不失篆分意为上。后人求其说而不得,至以直点斜拂形似者当之。是古碑断坏,汇帖障目,笔法之不传久矣"。①这是由于传统士人将书视作末艺、小艺,无法与经世致用的经学或涵养身心的性理之学相提并论。受此传统熏陶,康氏也将书学看作是末事,说:"夫学者之于文艺,末事也;书之工拙,又艺之至微下者也。学者畜德器,穷学问,其事至繁,安能以有用之岁月,耗之于无用之末艺乎?"因而"惟吾性好穷理,不能为无用之学,最懒作字,取大意而已"。②但康氏最终还是决定要写一部书论,这不仅是出于好友沈曾植的劝诫以及以书论碑者少,而且还带有一定的政治性。康氏当时虽然上书受挫而遭受打击,但其《感事》诗言"治安一策知难上,只是江湖心未灰"③,仍抱持救世之心,并未心灰意冷。康氏希望借此来传达其无法直接在现实中发出的社会政治声音,同时谋求一些政治资本。当时翁同龢、潘祖荫

---

① 包世臣:《述书中》《跋荣郡王临〈快雪〉〈内景〉二帖(丁丑)》,祝嘉编:《艺舟双楫、广艺舟双楫疏证》,巴蜀书社,1989年,第18、86页。

② 康有为:《广艺舟双楫》,《康有为全集》第一集,第256、297页。

③ 康有为:《康南海先生诗集》,《康有为全集》第十二集,第145页。

等权贵都是金石爱好者。

康有为于是在1889年正月开始构思写作，同年十二月返乡后，再花了十七日整理，于1891年刊刻。全书的写作耗时不长，这是由于康氏自十岁起就跟从其祖父康赞修习书，成年后师从朱九江习书，对书法已有一定的实践基础，而且关注金石学时间较长。康氏将书取名为《广艺舟双楫》，"广"不仅体现在依从包世臣《艺舟双楫》从书法角度论碑的进路，更重要的是将尊碑思想作了系统而激进的发挥。全书分为六卷二十七章，卷一、卷二论书体源流，卷三、卷四评点历代碑版，卷五、卷六讨论笔墨技巧与学书经验，涉及书体变化、碑的考证、书法美学和书法实践等内容，结构非常具有系统性。

全书的核心是尊碑抑帖，其思想基础是"变者，天也"①，即世间的一切事物都在发展变化，不可更易。就书而言，首先表现为书体在变化。"由'虫篆'而变'籀'，由'籀'而变'秦分'，（即小篆。）由'秦分'而变'汉分'，自'汉分'而变'真书'，变'行''草'"，"文字之变流，皆因自然，非有人造之也"。②其次，章法也在变化，即"人限于其俗，俗各趋

---

① 康有为：《广艺舟双楫》，《康有为全集》第一集，第254页。
② 康有为：《广艺舟双楫》，《康有为全集》第一集，第252—253、265页。

于变，天地江河，无日不变，书其至小者。钟鼎及籀字，皆在方长之间，形体或正或斜，各尽物形，奇古生动。章法亦复落落，若星辰丽天，皆有奇致"①。他对此总结道："综而论之，书学与治法，势变略同。周以前为一体势，汉为一体势，魏、晋至今为一体势，皆千数百年一变，后之必有变也，可以前事验之也。"②变的动力来自于人心和人情："夫变之道有二，不独出于人心之不容已也，亦由人情之竞趋简易焉。繁难者，人所共畏也；简易者，人所共喜也。去其所畏，导其所喜，握其权便，人之趋之若决川于堰水之坡，沛然下行，莫不从之矣。"③

以此为基础，康有为对尊碑抑帖作了系统论述。尊碑抑帖的原因是："碑学之兴，乘帖学之坏，亦因金石之大盛也。"④由于清代帖学随着雕版系统的紊乱，无法还原古代书法的精神面貌，而金石学的兴起，使得更多人能看到碑版，为观察古人书法面貌提供了可能性。两者互相配合，造就了尊碑抑帖。可是，古代的碑刻很多，到底要尊

---

① 康有为：《广艺舟双楫》，《康有为全集》第一集，第263页。

② 康有为：《广艺舟双楫》，《康有为全集》第一集，第254页。

③ 康有为：《广艺舟双楫》，《康有为全集》第一集，第254页。

④ 康有为：《广艺舟双楫》，《康有为全集》第一集，第255页。

哪个时期的碑？他认为要尊南北朝碑刻，理由是：

> 今日欲尊帖学，则翻之已坏，不得不尊碑；欲尚唐碑，则磨之已坏，不得不尊南北朝碑。尊之者，非以其古也，笔画完好，精神流露，易于临摹，一也；可以考隶楷之变，二也；可以考后世之源流，三也；唐言结构，宋尚意态，六朝碑各体皆备，四也；笔法舒长刻入，雄奇角出，迎接不暇，实为唐、宋之所无有，五也。有是五者，不亦宜于尊乎？①

南北朝碑的五个优势，因应清代常用的楷书而发。楷书由篆、隶变化而来，南北朝恰好是楷书的草创时期，写法并未稳定，不同的写法并存，充满生气。同时，南北朝的石碑存世较多。但到了唐代，楷书写法稳定，变得浅薄，已然不足取，故而"卑唐"。因而，要写好楷书，需要回到楷书萌芽的时期去汲取营养，以摆脱唐后书法发展的迟滞而开创新的局面。

康有为并非仅就书论书，首要的表现是不时将社会政治问题融进书论中。在阐述变时，他有意引入政治问题，如："人未有不为风气所限者，制度、文章、学术，皆有

---

① 康有为：《广艺舟双楫》，《康有为全集》第一集，第256页。

时焉,以为之大界,美恶工拙,只可于本界较之",①将与书无关的制度引入书中;"如今论治然,有守旧、开化二党,然时尚开新,其党繁盛,守旧党率为所灭。盖天下世变既成,人心趋变,以变为主,则变者必胜,不变者必败。而书亦其一端也。夫理无大小,因微知著,一线之点有限,而线之所引,亿兆京陔而无穷,岂不然哉",②以政治的守旧、开化党之争来类比书,更是书论中罕见的现象。他这样做的目的,无非是想不断提醒读者,世界是变动的,书和政治只是其中变动的部分内容,以破除笼罩在当时士人群体中的"祖宗之法不能变"观念。其次,抬高其师朱九江的地位,以增加个人的资本。他将朱九江的书法与清代名家邓石如相提并论,认为朱九江高于刘墉、姚鼐。或许是有些心虚,他补充说朱九江的书法名声不高,是由于其书法少见,同时名声的高低出于风尚。③可是,朱九江的书法并不罕见。再次,吹捧翁同龢,将翁同龢排在朱九江后:"九江先生不为人书,世罕见之。吾观海内能书者惟翁尚书叔平(翁同龢)似之,惟笔力气魄去

---

① 康有为:《广艺舟双楫》,《康有为全集》第一集,第265页。

② 康有为:《广艺舟双楫》,《康有为全集》第一集,第280页。

③ 康有为:《广艺舟双楫》,《康有为全集》第一集,第270页。

之远矣！"①朱九江是他的老师，按照当时的伦理道德标准，将老师排在第一是合情理的，而将翁同龢排在朱九江后面，无疑是推举。这显然是要讨好翁同龢，期望获得其赏识。

康有为的《广艺舟双楫》是初次上书不达的意外著述，但它却以开阔的眼界、系统性以及激进的取向，声名远超出于《艺舟双楫》，成为清代碑学的集大成著作。据张伯桢《万木草堂丛书目录》载，此书在康有为生前刊印十八次，对后续的碑帖之争起到了推波助澜的作用。此外，1914年中村不折、井土灵山将它翻译为日文，改名为《六朝书道论》，创造了日本书法理论类书籍发行量最大的纪录，对日本碑学书风的大发展提供了理论支柱。这书影响虽大，其中不免偏颇之处，如：帖学也造就出不少书家；碑屡经拓印也会损坏，不见得比帖更好；等等。或许是有鉴于此，康有为晚年曾有改变："前作《书镜》有所为而发，今若使我再续《书镜》，又当尊帖矣。"②同时，由于《艺舟双楫》涉及文论和书论，而此书仅论书，故而仿效吴荣光的《帖镜》，将书更名为《书镜》。

---

① 康有为：《广艺舟双楫》，《康有为全集》第一集，第301页。

② 任启圣：《康有为晚年讲学及其逝世之经过》，夏晓虹编：《追忆康有为（增订本）》，三联书店，2009年，第383页。

第三章 讲学授徒与构建孔教计划

第一节　广州会晤廖平与宗今文经学

康有为的第二次进京，科考、上书光绪帝均受挫，于1889年底失意返回家乡。这次经历使他深刻明白到，在当时的政治环境下，一介布衣想"假有国者之力"来进行自上而下的改革之路行不通，需要另谋出路。而在这期间，他在沈曾植之弟曾桐处看到经学家廖平的《今古学考》，这为稍后两人在广州的相晤埋下了伏笔。

廖平出生于1852年，卒于1932年，四川井研人，近代著名的经学家。其经学思想有六变，越变越奇，其中与康有为关系较大的是第一、二变。廖平经学的第一变发生于1883—1886年，针对汉代郑玄以来将今、古文经学混合起来的治经传统，提出"平分今古"说，代表作是《今古学考》。廖氏认为，今、古文经的区别不在于用先秦古文字还是当时隶书书写、是否立于学官等，而在于所说的礼制不同，古文经以《周礼》为主，是孔子少壮之学，今文经以《王制》为主，是孔子晚年改制之学，因而需要平等对待今、古文经学。第二变发生于1887—1897年。廖平由于进一步阅读当时典籍辨伪的考据学著作并受影响，怀疑《周礼》为刘歆伪纂、《王制》不能称经等，自驳其第一变之说，提出"尊今抑古"说，即尊今文经学。第二变的代表作是1888年草写的《知圣篇》和《辟刘篇》，前书在1902年刊刻，后书经修改增订为《古学考》，在1898年刊刻。《辟刘篇》的大意是古文经都有作伪迹象，宗周公而不宗孔子，始于刘歆，与王莽的政治势力有密切关系；而《知圣篇》则指出古制简陋，孔子受命作《六经》，托古改制。[1]

康有为通过《今古学考》所把握到的廖平经学第一变的思想，与其1886年撰写的《教学通义》有相通之处。这种思想上的相近，使他引廖平为知己。

事有凑巧。1890年春，廖平应张之洞的邀请到广州，驻居于广雅书院。由于经学思想上的相近，康有为和相交颇深的南海人黄绍宪到广雅书院访问廖平，后来廖平也作了回访。对于此次一来一往的相访，只有当事人廖平留下了记录。廖平说，康氏当时错误地引他为知己，不知他已放弃了"平分今古"的想法，而他则向康氏出示了第二变的代表作《知圣篇》。康氏回家后阅读了此稿，写了一封

---

[1] 见李燿仙主编：《廖平选集（上）》，巴蜀书社，1998年。

长信告诫他不能为了追逐名声而标新立异，轻易改变原来想法。他则回信约以面谈。后来，他到广州城南的安徽会馆回访康氏，两人谈论相洽，不觉时间过得飞快。他还暗示康氏后来的《新学伪经考》受其影响。①按照廖平的记载，尽管无法知道两人谈话的具体内容，但康氏的态度呈现出从激烈反对到逐渐接受廖平的"尊今抑古"。作为当事人的康有为，没有提及这次会晤，但一再强调自己在读《史记》过程中发现刘歆伪造古文经，称廖平的"信今攻古，足为证人，助我张目"②，否认廖平对其的影响，认为只是暗合。倒是梁启超着眼于思想整体，称康有为的今文经学来自廖平："康先生之治公羊治今文也，其渊源颇出自井研，不可诬也。"③"有为早年，酷好《周礼》，尝贯穴之著《政学通议》，后见廖平所著书，乃尽弃其旧

---

① 廖平在《经话》甲篇记道："广州康长素奇才博识，精力绝人，平生专以制度说经。戊己间从沈君子丰处得《学考》，谬引为知己。及还羊城，同黄季度过广雅书局相访，余以《知圣篇》示之，驰书相戒，近万余言，斥为好名鹜外，轻变前说，急当焚毁。当时答以面谈，再决行止。后访之城南安徽会馆，黄季度［以］病未至，两心相协，谈论移晷。明年闻江叔海得俞荫老书，而《新学伪经考》成矣。"见李燿仙主编：《廖平选集（上）》，第447页。

② 康有为：《致廖季平书》，《康有为全集》第十集，第19页。

③ 梁启超：《论中国学术思想变迁之大势》，《饮冰室文集》之七，中华书局，1989年，第99页。

说。"①

由于两位当事人的说法不一，此次廖、康会晤对康有为学术思想的影响，遂成为众说纷纭的学术公案。对此，可分两个层面来考虑：第一，廖平对康氏思想整体趋向的作用；第二，康氏《新学伪经考》《孔子改制考》是否分别"抄袭"了廖平《辟刘篇》《知圣篇》的具体问题。第二个问题留待下文再述，以下先简述第一个问题。

前已述及，康有为原持兼摄今、古文经学的立场，何时摆落古文经学而宗今文经学？他在《我史》中自称1888年上书不达后，听从沈曾植等不谈政事的劝告，"既不谈政事，复事经说，发古文经之伪，明今学之正"。②按此记载，他于1888年底就转向今文经学。但这与现存文献的记载不符。他1899年致信沈曾植，完全没有今文经学色彩，称"二帝、三王、先圣、诸儒，皆吾统绪也"，③意味着他相信古文经籍记载的二帝、三王实有其事，不是孔子假借来阐发理想的对象。在1891年前后致信朱一新，称"沮格而归，屏绝杂书，日夜穷孔子之学，乃得非常异义，而后知孔子为创教之圣，立人伦，创井田，发三统，明文质，

---

① 梁启超：《清代学术概论》，第77页。
② 康有为：《我史》，《康有为全集》第五集，第73页。
③ 康有为：《与沈刑部子培书》，《康有为全集》第一集，第238页。

道尧舜，演阴阳，精微深博，无所不包"，[①]即他"沮格而归"后才转宗今文经学。所谓"沮格而归"，指1888年上书不达，但仍参加了次年恩科，返乡时已是1899年腊月。由此可见，康氏在1889年底前还没转宗今文经学。廖平称康有为拜访他时，因《今古学考》而误引他为知己，看完《知圣篇》后写长信劝诫他，这也表明康氏还未转宗今文经学。而据《我史》，康有为对1890年三月来访的陈千秋就"告之以孔子改制之意……既而告以尧、舜、三代之文明，皆孔子所托"，[②]这些已是明确的今文经学内容。这记载似可信。陈千秋是学海堂的高才生。自阮元督粤，引入江南朴学的学风和方法后，岭南盛行经史考据之风，学海堂是当时岭南重要的经史考据重镇。陈千秋受此熏陶，"能考据"，[③]康有为很难以经史考据来震慑陈千秋，而今文经学则能起到很好的效果。而同年秋末冬初，康有为即与广雅书院山长朱一新以书札的形式辩论今古文经的真伪。[④]

纵观康有为转宗今文经学的整个过程，与廖平相晤

[①] 康有为：《与朱一新论学书牍》，《康有为全集》第一集，第325页。

[②] 康有为：《我史》，《康有为全集》第五集，第81页。

[③] 康有为：《我史》，《康有为全集》第五集，第81页。

[④] 参见吴仰湘：《朱一新、康有为辩论〈新学伪经考〉若干史实考》，《文史哲》2010年第1期。

无疑是重要的一环。廖平使他得到了启发，彻底放弃了古文经学而专宗今文经学。但梁启超称康有为的今文经学渊源自廖平，无疑夸大了廖平对康有为经学的影响。在与廖平相晤前，康有为对今文经学已有一定的了解。嘉庆、道光以来，以刘逢禄、龚自珍、魏源等为代表的今文经学，在清末学术界已为人们所了解。《清经解》就收录了不少今文经学著述，康有为博览群书，应看过一些。而且，晚清持今文经学立场的京官不少，如李鸿藻、潘祖荫、翁同龢等，他到京城求见这些官员，也不可能对今文经学一无所知。

实际上，康有为在《教学通义》就写道："今古之学，许叔重《五经异义》，（今陈氏辑本尚存百余可据。）何休《公羊解诂》辨之，近儒陈左海、陈卓人详发之。古学者，周公之制；今学者，孔子改制之作也。"①陈左海即陈寿祺，曾疏证许慎的《五经异义》，辨别今古文《尚书》，宗古文经学；陈卓人即陈立，著有《公羊义疏》，是清代重要的公羊学家。尽管他已然了解今文经学，但其思想兼摄古今，还没有特别地发挥孔子改制等今文经学观念。正是已有了一定的基础，他受廖平的启发后，才能在短时间内迅速转宗今文经学。如果没有廖平

---

① 康有为：《教学通义·六艺（上）礼第十八》，《康有为全集》第一集，第50页。

"尊今抑古"的影响,他不可能短时间内摆脱古文经学的影响,独宗今文经学。

康有为在今文经学中看到了什么可能性?或者说,今文经学到底对他有什么吸引之处?

这涉及康有为早期思想的整体想法。他为了救世济民,深知中西学问各有所长,需要融通,所持的整体思路是"内返之躬行心得,外求之经纬业务",①亦即传统儒学"内圣外王"的想法。但是,"经纬业务"涉及大量的西方制度及价值观念,如议会、平等等,怎样与以中国传统为主导的"躬行心得"结合,就成为问题。不解决这一问题,中、西学很难贯通起来,受制于"夷夏之辨",西学很难被接纳。前述其早期著作时,就可以发现充斥西方制度及价值观念的《实理公法全书》完全游离于中国传统之外。而今文经学独尊孔子为改制的素王,偏重于政治应用,这与他重制度的治学进路一致;在方法上则讲究"微言大义",通过挖掘经典文献上的某些字词来阐发议论,这可使他在解释上具有更大的灵活度,接纳西来的制度和价值观念。通过今文经学,他可以将圣人和典籍作为奥援,为其思想提供合法性。

此外,康有为对当时盛行的乾(隆)嘉(庆)汉学

---

① 康有为:《与沈刑部子培书》,《康有为全集》第一集,第237页。

偏重于考据而忽视经世的学风非常不满，而今文经学侧重于经世致用，倡导今文经学无疑也是对当时学风的有力纠偏。

因而，廖、康两人交往的时间虽然不长，但廖平对古文经有伪的提示及推尊今文经学，无疑给康有为整体转向宗今文经学带来了启发作用。而康有为本来对今文经学有一定的把握，而且还有"妙悟精理"的非凡能力，迅速把握到今文经学的理论优势，从而在较短时间内完成了转向。但这并不意味着他在具体内容上也遵从廖平的想法。

第二节　长兴学舍与《长兴学记》

1889年底,康有为由京城回到故乡。途中,他曾致信沈曾植,提到无法抑制自己的不忍人之心,想做一些有益于民众的事,但"我无土地,无人民,无统绪,无事权,为之奈何?或者托于教乎"?科场失意而从教,这是传统士人的通常做法。与此不同的是,他确立了不同一般人的从教理念,"要足以救今之弊,兴起人心,成就人才而已",并想着引进三代的礼乐仪式来锻炼弟子。[①]要实现其目标,省城是不错的选择。因而他在1890年春拜访廖平

---

① 康有为:《与沈刑部子培书》,《康有为全集》第一集,第238页。

后，迁居到广州城南的安徽会馆，准备从教。①这也是廖平会在安徽会馆回访他的原因。不久，他再迁居到其曾祖在广州城内的旧宅云衢书屋。②

由于康有为只是因祖父去世而获得荫监生的资格，未有功名在身，要想开馆教学并非易事。或许天无绝人之路。1890年三月，学海堂高才生陈千秋敬佩其上书请求变法，登门拜访。他以其今文学及西学使陈千秋折服。陈千秋于六月正式成为康门大弟子，并于八月引同为学海堂的学友梁启超拜访他。梁启超有神童之称，十七岁已中举人。康有为再以不同于经史考据的学问折服梁启超，使梁启超放弃了原来所学，投入其门下。其后，陈、梁二人援引各人的亲戚朋友向他求学。很快，又出现了一个好机会。九月，他的友人石德芬由于事忙，请他在岁晚举办的为期三月的冬课给学生上《诗》课。石德芬是当时广州有名的馆师，学生众多，梁启超即其一。康有为欣然答应，并凭借其新的见解，吸引了不少学生来学，徐勤即其中一个。

---

① 黄绍宪1889年《寄长素并序》言："夏秋之交与康长素同试京兆，失意倦游，先后归里。长素昨过在山草堂，告我来年就屋教授。"转引自吴义雄：《关于康有为与廖平学术思想关系的再探讨》，方志钦、赵立人、林有能主编：《康有为与戊戌变法学术研讨会论文集》，学术研究杂志社，1999年。

② 康有为：《我史》，《康有为全集》第五集，第81页。

1891年春,康有为已有二十多个弟子。应陈千秋、梁启超之请,他在长兴里租赁邱氏书室,设立长兴里学舍,正式讲学。①二月,他撰写《长兴学记》作为学规。学规主要有总纲和具体安排两个部分。

在《长兴学记》中,康有为以《论语·述而》"志于道,据于德,依于仁,游于艺"作为总纲。"志于道"指"志于仁义之道",包括"格物""厉节""辨惑""慎独"四项;"据于德"指个体德性修养,包括"主静出倪""养心不动""变化气质""检摄威仪"四项;"依于仁"指仁爱的落实,包括"敦行孝弟""崇尚任恤""广宣教惠""同体肌溺"四项;"游于艺"大致指学习的具体内容,一方面提出以义理、经世、考据、词章作为通用之学,另一方面则承接着传统的六艺,以图(谱)、枪替换射、御,提出礼、乐、书、数、图、枪这一新六艺,作为致用之学。此外,"艺"中还保存"科举之学"作为一目,分"经义""策问""诗赋""楷法"四项。就总纲而言,他只是将朱次琦的"四行五学"与传统的说法作了融合,除了对六艺作出新调整之外,并不出格。

对于具体教学及安排,分为"讲学""说经""读

---

① 梁启勋:《"万木草堂"回忆》,《追忆康有为(增订本)》,第189页。

书""习礼""论文""日课"等数项。

其中,"讲学"重在阐述其以孔子之学来调和汉、宋之争的立场。康氏认为孔子之学有义理、经世,并认为:宋学是义理之学,本于《论语》,但它是曾子、子夏所编集,不尽可据,应以"六经"为本,特别是要以孔子自著的《易》为宗;汉学(刘歆伪造古文经,此处汉学仅指今文经学)是经世之学,本于《春秋公羊传》《春秋穀梁传》,但需以《易》为归。①

"说经"旨在阐述其对经学性质的看法。康有为认为孔子之所以为万世师,就在于制作六经:《诗》《书》《礼》《乐》为孔子在先王之书基础上删定,《易》《春秋》全出于孔子之笔。《春秋》最能体现孔子改制之意,因而需要先通《春秋》而后才能通六经。他写道:"《淮南子》:夫殷变夏,周变殷,《春秋》变周,三代之礼不同。以《春秋》为继周之一代。先秦、西汉之说皆如此。(余有《孔子改制考》)二千年来,行三年丧、夏时选举、同姓不婚之制,皆孔子之法,则《春秋》实统二千年为一代也。"按此,他当时已有撰写《孔子改制考》的计划,将孔子确立为改革家,但孔子只是变更周代礼制,实即承认夏、商、周礼制存在,与后来将三代礼制作为孔子

---

① 康有为:《长兴学记》,《康有为全集》第一集,第347—348页。

理想寄托不同。至于古文经学，康氏认为是刘歆伪撰，只能称为王莽新朝时出现的"新学"，不能称为"汉学"。他写道："今扫除歆之伪学（余有《新学伪经考》），由西汉诸博士考先秦传、记、子、史，以证'六经'之本义。"①这表明他当时已明确撰写《新学伪经考》的基本思路。

"讲学""说经"两项，是康有为讲学的重要内容，呈现出很强的今文经学色彩。据载，他每个月讲三四次不等，往往一讲就是四五个小时，"讲学重'今文学'，谓'古文'是刘歆伪造，即如《春秋》，则尊《公》《穀》而非《左传》。当时，他对列强压迫、世界大势、汉唐政治、两宋的政治都讲。每论一学、论一事，必上下古今，以究其沿革得失，并引欧美事例以作比较证明"。②

由于康有为讲学的时间不多，弟子主要靠自己读书。"读书"主要是提供弟子阅读的要求和方法，强调以史来辅经。他要求先读《公羊传》和《春秋繁露》，以便把握孔子改制。为配合弟子读书，他也讲解传统学术的源流，同时设立了图书阅览室，以个人所藏书为基础，并让弟子自由捐献。这些书不仅有中国古书，而且还有大量的中译

---

① 康有为：《长兴学记》，《康有为全集》第一集，第349页。

② 梁启勋：《"万木草堂"回忆》，《追忆康有为（增订本）》，第189页。

西书,大大拓宽了弟子的视野。"习礼"是教导弟子习礼,如每月初一、十五行相揖之礼。为此,他设立了礼乐器库,如钟、鼓等,还自制尊孔的"文成舞"。这是仿照当时西式学堂的体操并结合三代的礼乐教育而来,目的是提升弟子的身体素质及精神风貌。"论文"是规定按时就某些主题作文。"日课"是让弟子将自己的疑问或心得记录在功课簿上,每半个月呈缴一次。康有为通过功课簿了解弟子的学业等情况,并作批语回复。

学舍不分年级,在老生中举两三名"学长",负责管理。弟子每人每年交十两银子作为"脩金",与其他书馆一样。此外,弟子还协助老师编著书籍,如《新学伪经考》《孔子改制考》就有不少高才生参与。

与当时一般馆塾相比,康有为的讲学有很大不同:在形式上,设立图书阅览室、习礼等;在内容上,并非以科考或考据为核心,而是以其所持的孔子改制等今文经学观念为核心。今文经学强调经世,关注现实政治。他讲学时发挥今文经学的经世特点,并不断插入各国的政治情况等,激发弟子关注现实政治的热情,而且大大拓宽了弟子的眼界。

康有为对其中的高才生,还会向他们讲述个人的政治理想。据梁启超记载,当时康有为曾让他和陈千秋读过《大同书》的初稿,但不许外传,而他们没有听从,私下

向同学宣传了部分，使同学多言大同。①从现存文献来看，康有为当时应还没有明确使用"大同"，但《实理公法全书》已有强烈的世界主义色彩。梁启超可能将其世界主义思想统称为"大同"。由此可见，康门弟子受其熏陶，对政治问题颇有兴趣，而且大多认同其政治见解，在某种意义上康门具有政治团体的性质。他似乎也想将门下弟子发展为政治团体。在传统中，"党"既有中性的同乡、同辈义，又有集团义，后一义往往给人结党营私的负面感受。大多数朝代，都禁止结党，因而颇为时人避讳。康有为在《广艺舟双楫》以"守旧、开化二党之争"而开化党得胜，来强调趋新，表明其约略知晓西方的政党政治。而1894年他游桂林月牙山，观《元祐党籍》后题记说："后之观者，亦不必以党为讳矣。人亦乐为李、马、朱、顾耶？抑甘从侯览、魏忠贤耶？"②他一改传统对结党的负面看法，流露出结党干大事之心，体现出近代士人对结党的态度转变。以此观之，康氏在《长兴学记》中屡次使用"吾党"③，其意似带有形成志同道合的团体之意。从事后来看，康氏无疑将其门下弟子发展成具有相近理念的政治

---

① 梁启超：《清代学术概论》，第82页。

② 转引自马洪林：《康有为评传》，南京大学出版社，1998年，第48页。

③ 如《康有为全集》第一集第341页"吾党嚣然操简毕、被章缝而为士人"，第343页"吾党辨之哉""吾党得子思传授"等。

团体，而不仅是学术团体。

正因如此，康有为的弟子一度被舆论视为"怪物"，后来由于中秀才、举人逐渐增多，才改变了舆论的看法。[①]这些弟子受到其熏陶，大多关注社会政治。他们对其社会政治活动多有参与，对晚清政局产生了巨大的影响。但后来，由于革命思潮的兴起，这些弟子出现了分化。

[①] 梁启勋：《"万木草堂"回忆》，《追忆康有为（增订本）》，第192—193页。

第三节　建构孔教计划与《新学伪经考》

1891年，康有为除了在长兴学舍讲学之外，在弟子梁启超、陈千秋的帮助编检，以及韩文举、林奎的校对下，于七月刊行了《新学伪经考》。

在1891年前后，康有为曾拜访广雅书院山长朱一新，后来以通信往返的形式就变法、孔子改制与刘歆伪造古文经等问题展开了论辩，希望获得朱一新的认同和支持。朱一新不仅没有被说服，反而质疑其做法是"托于素王改制之文，以便其推行新法之实"，"用夷变夏"。[1]对此，他回信向朱一新剖白其卫护孔教的心迹。其中有一段话虽然略长，但对于理解其学术思想非常关键，故而引用如下：

---

[1] 朱一新：《朱侍御复康长孺第四书》，《康有为全集》第一集，第327页。

故仆之急急以强国为事者，亦以卫教也。沮格而归，屏绝杂书，日夜穷孔子之学，乃得非常异义，而后知孔子为创教之圣，立人伦，创井田，发三统，明文质，道尧舜，演阴阳，精微深博，无所不包。仆今发明之，使孔子之道有不藉国力而可传者，但能发敷教之义，宣扬布护，可使混一地球。（非宣扬则亦不能，故今最要是敷教之义。）仆窃不自逊让，于孔子之道，似有一日之明，二千年来无人见及此者，其它略有成说。先辟伪经，以著孔子之真面目；次明孔子之改制，以见生民未有；（仆言改制自是一端，于今日之宜改法亦无预，足下亦误会。）以礼学、字学附之，以成一统，以七十子后学记续之，以见大宗，辑西汉以前之说为"五经"之注，以存旧说，而为之经，然后发孔子微言大义，以为之纬。体裁洪博，义例渊微，虽汗青无日，而□□穷年，意实在此，若成不成则天也。若有所藉，则以此数书者，宣孔子之教于域外，吾知其必行也。①

所谓"沮格而归"，指康有为1888年上书不达后，于1889年返乡。他自称返乡后全力研究儒学，悟得孔子是创

---

① 康有为：《与朱一新论学书牍》《康有为全集》第一集，第325页。标点有改动。

教的圣人,其学说无所不包,并提出一个可以不凭借国力而将孔子之道传遍世界的办法。这个办法包括"敷教之义"和"宣扬布护"两部分。"敷教之义"指将孔子之学阐发出来,实即按其想法将儒学构建为无所不包的孔教;"宣扬布护"是宣传发扬,并进行护教。其中,建构孔教最为急切,因为这是宣传得以可能的前提。对此,康氏拟订了一个建构孔教的计划:首先,扫除伪经,依托真经来呈现孔子的真面目,即重审经学典籍文本的真伪;其次,阐明孔子的改制思想;再次,整理、辑录礼学、字学,孔门弟子的著述以及西汉前的"五经"注疏,再以微言大义的方式来阐发孔子学说。这一计划涉及的典籍过多,过于庞大,他自称没必成的把握,但认为如果能够做到,必定可使孔教传播到国外。

康有为有意绕开国力,是上书不达的后遗症所致。他的卫教,主要针对伴随西学西器而来的基督宗教。康有为不少族人在广西当官,而且其经常出入广州城,颇早就留意到基督宗教在近代中国的快速传播及其对儒学造成的严重冲击,对儒学的命运颇为焦虑,因而要以儒学抗击基督宗教。这并非完全出于民族主义情绪,而是基于其对基督宗教与儒学的比较基础之上。当然,他对基督宗教的认识比较有限,只是约略看过一些相关书。他当时认为,可以根据阴阳之义来判分世界各教:"阳教"的代表是儒学,特征是顺应人的世俗情感,如讲究伦理道德等;"阴教"的代表是佛教，特征是违逆人的世俗情感，如要出家修行，弃绝伦常与个体欲望等。在这划分中，基督宗教等被认为来自于佛教。①由于他的志向是使所有人都过上极乐的生活，并持人人皆有去苦求乐之心，需要满足世俗情感，自然会认同顺应人情的孔教而反对基督宗教。同时，他认为基督宗教教义浅陋，不如儒学精微。对于基督宗教在近代中国快速传播的现象，他大致归结为两个方面：一方面在于其教义对关心实际效用的一般民众具有强烈的吸引力，如讲神等；另一方面则是其有严密的组织，而且主动传教。他提出的卫教办法，显然借鉴了基督宗教的这些优点。"宣扬布护"仿效了基督宗教的传教，而"敷教之义"的一项内容是宗教化儒学，如神化孔子，为儒学引入鬼神、报应等，也是有感于基督宗教的做法而有意增强儒学对一般民众的吸引力。当然，他的孔教核心还是孔子改制理论，这是落实其救世济民志向的关键所在。无论如何，他的卫教办法颇有以其人之道还治其人之身的味道，但体现出其对基督宗教乃至宗教认识的表面化。

康有为的卫教办法并非一时之语，而是落实在其行动中。他此后在不同的场合都宣传其孔子改制，甚至有些不顾后果。如在1896年主办的《强学报》中使用孔子纪年，

---

① 康有为：《康子内外篇·性学篇》，《康有为全集》第一集，第103页。

致使该报只刊行了两期就停刊。更重要的是，他花了不少时间来执行其建构孔教的庞大计划。其所写的一系列经学著述，都可以在这计划中找到对应的位置：《新学伪经考》对应于"辟伪书"，《孔子改制考》对应于"明孔子改制"，《春秋董氏学》《中庸注》《礼运注》等对应于阐发西汉经说、孔子弟子学说。

值得注意的是，康有为信中回应朱一新质疑的夹注："仆言改制自是一端，于今日之宜改法亦无预，足下亦误会。"他明确指出其孔子改制理论与倡导当前变法无关，两者不是一回事。尽管他希望获得朱一新的认同，但这话恐怕并非纯出于策略。在他看来，孔子改制是建构孔教的核心理论，具有普遍性，而变法主张则是当时的具体政治实践，如果以倡导变法来理解孔子改制，将狭隘化其孔教的普遍意义。他此说不可全信，孔子改制在理论上必然涵括当时变法，但透露出其重心更倾向于建构孔教而非倡导当时变法。由此，可以理解他在宣传其孔教理论时，往往会不顾对当时的变法产生的负面效应，如引起朝中大臣的反感进而反对。循此，他撰写《新学伪经考》等经学著述的旨归是建构孔教，而非仅为当时变法提供经学依据。

在建构孔教的计划中，《新学伪经考》是首项内容，目的是扫除古文经学，为后续确立孔子改制思想提供基础。书名中的"新"，指王莽篡夺西汉政权后建立的新朝；"新学"所指即新朝前后出现的古文经学；"新学伪经考"就是通过考证的形式指斥王莽新朝时期出现的古文经均为伪经。对此书的要点，梁启超在《清代学术概论》中概括为：第一、西汉经学都是今文经学，古文经都是刘歆伪造；第二、秦始皇焚书没烧"六经"，西汉博士所传的经书都是足本；第三、经书的文和字没有古今的分别；第四、刘歆利用校书的机会，对原来的古书做了手脚，以便弥缝其作伪；第五、刘歆伪造经书，是为了去除孔子的微言大义，以辅佐王莽夺权。①

提到康有为的《新学伪经考》，无法绕开与廖平《辟刘篇》的关系。廖平的《辟刘篇》当时未刊，后来增订为《古学考》于1898年刊行。李燿仙据《古学考》，考证出《辟刘篇》有六个要点：一、古学始于刘歆，成于东汉；二、一切古经皆有作伪迹象；三、古学祖周公，不祖孔子，无师法；四、古学以《周礼》为主；五、古学虽始于刘歆，但与王莽政治势力有密切关系；六、提及《史记》有刘歆伪窜之处，《汉书》的《艺文志》《刘歆传》和《经典释文》《隋书·经籍志》载的经学传授，有些是后人臆做，不可尽信。以此对照《新学伪经考》，李燿仙认为：在第一、三、四点上，两书基本相同；在第二点上，廖平将古书的形成讲得很复杂，康氏则干脆利落断定一切古文经皆为伪造；在第五点上，廖平只以《周礼》为刘歆

---

① 梁启超：《清代学术概论》，第78页。

伪造以迎合王莽，攻击西汉博士，而康氏认为王莽奖掖刘歆伪造古经；在第六点上，廖平说得很简略，而康氏则通过史学、目录学作了详细的考据。而康氏的新主张有三项：一、秦焚书时，六经未尝亡缺；二、《左氏春秋》出于《国语》；三、《左氏春秋》是刘歆伪造，为"伪窜"之始。①

就整体而言，两书相近的观点很多，但要确切断定康有为是否抄袭了廖平，仍非易事。这是因为古人没有著作权意识，而经学本身有很强的沿承性。即如基本相同的第一、三、四点，此前刘逢禄等的著作已涉及，并非廖平首言。而相异的三点中，特别是第二、六点上，却是康氏此书能够产生重大思想影响的关键原因。清代汉学兴起后，产生了一批经书辨伪著作，主要是从学术上考证某一或若干部经书的真伪，并非整体性否定古文经学。廖平的做法即如此。与此不同，康氏集这些辨伪著作的大成，明快地提出一切古文经皆为假经，从质上否定了古文经学的真实性；与此相应，康氏以史学、目录学的方法来处理，使得伪经的问题更系统地呈现出来，易于读者把握。康氏对其采用的方法有着高度的自觉。他在1890年也撰写了《毛诗伪证》《周礼伪证》《说文伪证》《尔雅伪证》等辨伪

---

① 李耀仙：《〈廖平选集〉（上册）内容评介——代序》，《廖平选集（上）》，第6—8页。

著作，分别针对某部不同的经典。有人建议他将这些著作合在一书出版，但他认为这没法从根源上清除这些伪经，因而要作系统的考据，将西汉的说法与刘歆的说法放在一起，清扫古文经学。①

尽管从学术的角度来看，康有为立论的可靠性存在争论，但使古文经系统的真伪成为需要关注的问题。由此带来的影响是，中国传统的政治制度和学术都需要重新估量。因为自郑玄混合今、古文经学以来，中国两千多年来，"聚百、千、万、亿衿缨之问学，统二十朝王者礼乐制度之崇严……诵读尊信，奉持施行"②，古文经成为了传统的政治制度和学术的依据和基础，一旦这些经书为假，意味着它们都将面临危机。梁启超对此写道："诸所主张，是否悉当，且勿论，要之此说一出，而所生影响有二：第一，清学正统派之立脚点，根本摇动；第二，一切古书，皆须从新检查评估价。此实思想界之一大飓风也。"③因而，从此书产生的影响来看，与廖平相同的内容并不起决定性作用，而是康氏的发挥更为重要。此外，康有为撰著的目的并非纯学术，而是服务于其孔教建构以及

---

① 康有为：《新学伪经考》，《康有为全集》第一集，第356页。

② 康有为：《新学伪经考》，《康有为全集》第一集，第355页。

③ 梁启超：《清代学术概论》，第78页。

变法主张。

对于康有为此书的学术价值,评价不一。如梁启超认为"此书大体皆精当,其可议处乃在小节目",如说出土的金器是刘歆私铸埋藏以欺骗后人;[①]朱一新在通信中就有很多驳斥,如"且足下不用《史记》则已,用《史记》,而忽引之为证,忽斥之为伪,意为进退,初无确据。是则足下之《史记》,非古来相传之《史记》矣"。[②]钱玄同充分肯定此书采用了科学的方法,证据充分,论断精审,眼光敏锐,[③]而钱穆则讥讽康氏"所谓'国师公欲篡圣统而伪造经典',正不啻其自供状也"[④]。

不论如何,此书是康有为转向今文经学后刊行的第一部有影响力的著作,由此启动了其建构孔教的庞大计划。而他也因此书被参劾,从而避走桂林讲学。

---

① 梁启超:《清代学术概论》,第78页。
② 朱一新:《朱侍御答康长孺第三书》,《康有为全集》第一集,第321页。
③ 钱玄同:《重论经今古文学问题——重印〈新学伪经考〉序》,康有为:《新学伪经考》,古籍出版社,1956年,第388—389页。
④ 钱穆:《中国近三百年学术史》,商务印书馆,1997年,第777页。

第四节　万木草堂和第一次桂林讲学

1892年，由于来学学生日益增多，康有为将学堂迁至卫边街邝氏祠堂。1893年，已有四十多个弟子，于是同年冬，再次将学堂迁至广府学宫仰高祠。①他正式将学堂取名为"万木草堂"，在讲堂上挂上名额。"万木草堂"取自其早年居西樵山时梁鼎芬《赠康长素布衣》的"万木森森一草堂"诗句，寓意培养国家的栋梁之才。此后一直到戊戌封禁，学堂没再搬迁，前后近六年。1894年时，已有学生百余人。万木草堂依长兴学舍的教学形式，康有为定期讲学。后来他由于参与政治活动多，主要由学长每周讲学一次，他则以书信形式为学生解疑答问。

康有为讲学的内容，现有其弟子1896—1897年的笔记以及张伯桢整理的《南海康先生讲学记》留存，可略知其

---

① 康有为：《我史》，《康有为全集》第五集，第81—82页。

大概。从这些笔记来看，他将其孔教理论作为教学的中心内容。

首先，将孔子树立为传统政教的确立者，以此来重构中国传统的政制和学术史。康有为声称，各史书记载的三代时间长短不一，故而无法确实考证，只是孔子和春秋诸子"托古明权，各自立教"的材料。①而孔子制作"六经"，其制度思想主要集中在《春秋》，义理则集中在《易》中。"自孔子出，百子所称道，皆孔子之制度也。孔子未生之前，制度政教皆无定。"②也就是说，孔子是中国传统制度、教化的创立者，一切制度、教化均来自于孔子。在制度上，他尽其所能地将不同的制度都收归于孔子名下，如"孔子以下，至本朝，宫室之制，皆出孔子""春秋前皆世卿，二千年来行选举，孔子之制也"。③就学术而言，传统本有墨子、庄子出自儒学的说法，他则在此基础上以孔子来统合诸子百家。其中最大的困难是老、孔关系，因为通常认为老子早于孔子，有孔子向老子问礼之说。他并非不知道此说，但认为：首先，老子并不

---

① 康有为：《万木草堂口说》，《康有为全集》第二集，第135页。

② 张伯桢：《康南海先生讲学记》，《康有为全集》第二集，第105页；《万木草堂口说》，《康有为全集》第二集，第135、145页。

③ 康有为：《万木草堂口说》，《康有为全集》第二集，第134、149页。

早于孔子之前，如"老子之弟子杨朱，生当孟子时，可知孔子在老子之先。《史记》有三老子，而秦太史儋即著书老聃，盖儋、聃同韵，见（汪中的）《述学》""老子，孔子之后学，当为儋，非聃"。①其次，老子的思想源于孔子的《易》，只得孔子之学的一端，如"老子之学，得孔子之一端""老子之学，只偷得半部《易经》"。②

其次，借助于类似西学中源的说法，以孔子来收摄西学。康有为一方面认为西方直接用了孔子的制作，如"今西人有上议院、下议院，即孔子制""孔子之祭有方明，即十字架也，耶稣用此"；③另一方面，则通过其他诸子学说来接纳西学。其中最重要的机栝是墨子，当时不少人倡导西学来源于墨子。如"墨学皆出于孔子。墨子言'兼爱'，实本于《论语》'泛爱众'一言。墨子之学，与泰西之学相似。所以邹特夫先生云：墨子之教流于泰西，其中多言'尊天''明鬼'之说""西学多本墨子""西学

---

① 康有为：《万木草堂口说》，《康有为全集》第二集，第142、143页。

② 康有为：《万木草堂口说》，《康有为全集》第二集，第138、144页。

③ 康有为：《万木草堂口说》，《康有为全集》第二集，第153、156页。

似孔、墨"。①而墨子等学说渊源于孔子，这样西学亦为孔子所含摄。

  康有为的上述想法，有些是在传统说法基础上所作的激进推进，有些则是个人独创，呈现出很强的比附色彩，充分体现出今文经学"微言大义"的特色。他的目的是旨在建构"无所不包"的孔教计划。孔教要"无所不包"，是因为他认为只有这样，才不会被发展的时势所弃置，为天下人所宗信。而他已经清楚地知道，天下不只是中国的天下，而是列国并立的天下，因而孔教不仅需要囊括中国传统的政制学术，而且也应含摄西学，从而具有压倒性的理论优势。这种是否完善的比较意识，弥漫在讲学中。如"佛言鬼不言神，耶稣言神不言鬼，惟孔子兼言鬼神"，②意即孔教比佛教、耶稣教更圆满；"孔子以元统天，作天为一小器皿，有元以统之"，③背后之意是孔教比基督宗教高，因为基督宗教讲天主、上帝，而孔子更进一步以元气来统领天。在此意义上塑造出来的孔子，不再是传统所说的圣人，而被进一步提升为"神人"："圣人实第二

---

  ① 张伯桢：《康南海先生讲学记》，《康有为全集》第二集，第117；康有为：《万木草堂口说》，《康有为全集》第二集，第179、181页。

  ② 康有为：《万木草堂口说》，《康有为全集》第二集，第175页。

  ③ 康有为：《万木草堂口说》，《康有为全集》第二集，第204页。

等人，实则孔子神人也，孟子言神人乃圣人加级。""荀子不甚以圣人之学为尊，盖圣人是第二等人，孔子是神人。"①

由于康有为将孔子看作是"神人"，孔子之学"无所不包"，自然批评宋明理学。如说："朱子不治《春秋》，而但言义理，于孔子之道，只得一半。""朱子一生精力，全在'四书'，《大学》《中庸》为最，而'六经'无与焉。""董子解经，能通天人。朱子专解人事，故朱子只得孔子一半。"②他认为，朱子的学说从"四书"转出，不通孔子《春秋》中的改制，也不解天，因而未能阐发孔子的制度、宗教维度。

值得注意的是，康有为在讲学中已持有明显的进化思想，尽管比较简单而且不一定正确，如说："生物始于苔，动物始于介类，珊瑚即小虫……虫类为生物最始者，胡其愚与草木等。""海之所生，蚧为最先。苔为人物之始。孔子作《易》，至变而极……荒古以前生草木，远古生鸟兽，近古生人。人类之生，不能过五千年。"③同

---

① 康有为：《万木草堂口说》，《康有为全集》第二集，第173、181页。

② 康有为：《万木草堂口说》，《康有为全集》第二集，第136、204页。

③ 康有为：《万木草堂口说》，《康有为全集》第二集，第137、140页。

时,他在讲学中已涉及其非常有名的"三世三统"说。概略地说,"三世三统"说为今文经学非常重要的学说,主要与《春秋公羊传》的解释相关。"三世"说原指孔子写作《春秋》时对其所见、所闻、所传闻的历史采用不同的修辞,东汉何休则将《春秋》涉及的社会历史分为乱世、升平世和太平世,显现社会从乱到治的变化。"三统"说则由董仲舒提出,认为历史按照黑、白、赤三统不断循环,每一新王受命,必须依据三统的变化改正朔,易服色,以应天命。如夏代为黑统,以寅月(现在的农历一月)为岁首,朝服、车马、仪仗等都尚黑;继之的商朝为白统,以丑月(现在农历的十二月)为岁首,朝服、车马、仪仗等都尚白;继之的周朝为赤统,以子月(现在农历的十一月)为岁首,朝服、车马、仪仗等都尚红。对于"三统",康有为此时比较侧重阐发。例如,"孔子制作,专重变易,故特立三统。能知此,而后可以读孔书。""百世之后,穷则变通,又有三统。此改制之微言也。""夏、殷、周三字,孔子所托,以为三统,非真三代也。"[1]侧重"三统",是因为它蕴含着因时改革,不能死守着同一治理方式进行管治,有助于破除当时"祖宗之法不能变"的观念。对于"三世",他阐发得较少,从

---

[1] 张伯桢:《康南海先生讲学记》,《康有为全集》第二集,第134、150、186页。

其中的"张三世例"来看，还偏重原来的辞例，进化色彩还隐而未彰。例如，"孔子之前，皆讲'三世'。洪水时，人与水争；周公时，人与兽争；孔子时，人与人争。""《春秋》托始于据乱世，中而升平世，进而太平世。"①这和后来赋予"三世"明确的社会进化含义不同。

从讲义可以看到，康有为的思想和学术视野非常宽广，即"博综群籍，贯穿百氏，通中西之邮，参新旧之长"，力图以孔子为中心来重整传统学术，接纳西学，以实现传统儒学的近代化，对抗基督宗教。虽然附会不少，但其中传达了很多新知，而且表露出明确的经世特色，因而其"放言高论，闻者动容"。②这些相关的内容，后来被撰写成著作，如《孔子改制考》。

1893年，康有为参加乡试，高中第八名举人。其家乡有社会自治组织同人团练局，为其伯祖父康国熹于1854年创立，此时由罢遣还乡的原大涡乡知府张乔芬管理。按其所说，南海本来就多盗贼，而张乔芬与盗贼勾结，导致族人频频被劫。陈千秋提出可借同人局之事作经世实践。他采纳了这一建议，联合三十二乡乡绅三十余人，迫使张

---

① 张伯桢：《康南海先生讲学记》，《康有为全集》第二集，第106、123页。

② 张伯桢：《康南海先生讲学记》，《康有为全集》第二集，第105页。

乔芬[①]交出局印，由陈千秋掌印。陈千秋掌印后，设"书藏"，创设书院，禁赌，清除宿弊。后因禁赌太过，以及在乡人被杀疑案中，陈千秋坚持被害人是被乡里某位富人所杀，而被乡人排挤，未能取得成功。而局印也由张乔芬贿赂在籍翰林潘衍桐和南海县令杨廷槐而被追回。此次团练局之事，是他及弟子走出书斋，从事实际政务活动的一次尝试。尽管此次受挫，既使其明白办事不易，又坚定了其"当缘随遇，起而行之"的信念。[②]

1894年3月，康有为与梁启超一同进京参加会试，但不成功。6月，他因下车伤足，遂返广州。8月，给事中余晋沅上奏，参劾其《新学伪经考》"非圣无法，惑世诬民，较之华士、少正卯有其过之，无不及也"，要求立即销毁此书，并惩办康有为。[③]光绪谕令时任两广总督的李瀚章办理，康有为一度被拘押于南海县衙。当时还在京城的梁启超为此奔走联络，请沈曾植、盛昱、张荫桓、张謇、曾广钧等出面，借助李鸿章、翁同龢之力，尽力化解。最后，经李瀚章保护性的奏复，处理结果只是自行销毁《新学伪

[①] 《康有为全集》第五集作"张蒿芬"（第83页），据茅海建《康有为与"真奏议"：读孔祥吉编著〈康有为变法奏章辑考〉》（《近代史研究》2009年第3期），应为张乔芬。

[②] 康有为：《我史》，《康有为全集》第五集，第83—84页。

[③] 茅海建：《从甲午到戊戌：康有为〈我史〉鉴注》，三联书店，2009年，第39页。

经考》，不再追究个人责任。

此次参劾，康有为一时说是因团练局事而结怨于张乔芬，一时说是由于同乡陈景华所为，[①]但都无法确证。但此事引发出"粤城谤不可闻"，康氏于是八月出游罗浮山，十月回广州讲学。

在此期间，1892年师从康有为的广西籍弟子龙泽厚邀请其到桂林讲学。他答应了这一邀请，于1894年冬前往桂林。其原因一方面是他本好游观山水，而桂林山水之胜在全国有名，出游桂林既可以躲避因《新学伪经考》带来的谤言，又可以疏散其苦闷心情；另一方面到桂林讲学，可以继续宣传其孔教思想。1895年1月，康氏抵达桂林，住在叠彩山风洞左侧的景风阁。在桂林期间，康氏游观了不少地方，刻题记于《元祐党人碑》旁，并将附近的越山两个山洞命名为"康岩""素洞"。同时，他也设堂讲学，内容、方式与万木草堂相近。由于他当时的名声还不大，听讲的学子只有二十余人。为方便学子求学，他应弟子之请撰写《桂学答问》。此书约万字，主要阐述其为学宗旨，分条叙述研读经、子、史、义理、西学书籍的方法，并开列书目。他在书中继续宣扬其孔教理论："天下之所宗师者，孔子也。义理、制度皆出于孔子，故经学者学孔子而

---

① 康有为：《上清帝第四书》，《康有为全集》第二集，第83—84页。

已。""孔子所以为圣人,以其改制,而曲成万物、范围万世也。"同时,强调今文经为真,古文经为假,并将其《新学伪经考》作为经学入门的必读书,自许读了它后能"别古今,分真伪,拨云雾而见青天,登泰山而指培楼,一切古今是非,了若指掌中"。[①]除了自著之外,书目既包括传统经史典籍,又列举了大量中译西书,如《日本变政考》《万国史志》《谈天》等等,并附有相关书籍的简短评价。这一书目反映了其对西学的了解程度及其经世的学风,也有助于广西学子开眼看世界。

康有为这是首次到桂林讲学,历时一个多月,于1895年二月抵达广州。当他得悉其大弟子陈千秋已于正月因肺病去世的消息后,哀痛不已。

[①] 康有为:《桂学答问》,《康有为全集》第二集,第18、20页。

第四章 从『公车上书』到『百日维新』

第一节 "公车上书"与上清帝第三、四书

1895年春,康有为和梁启超、梁金桂一同到京师参加科考。途经上海,他们恰与陈少白同寓全安栈,其时陈少白受孙中山所派,到上海寻求郑观应的帮助。此前,孙中山由于在广州的双门底圣书楼行医,与万木草堂相近,想招揽康有为共谋大事,曾和陈少白去草堂拜访,但他恰值外出。陈少白闻讯,拜访他。陈少白记载此次拜访道:"我就同他谈革命。我说:'现在中国的情况,已很危急,□清政府实在太不行,非改革一下不可!'他也说:'很对的。'然后他就问我长江一带的情形如何。人才多少。我就大概的把局面说了一下,他也点头称是。"[1]此记载当属可信,康有为显然赞同中国需要改革,而且通过第

---

[1] 陈少白:《兴中会革命史要》,中国史学会主编:《辛亥革命(一)》(1),上海人民出版社,1957年,第45页。

一次上书不达，寻求自上而下之路张行不通，颇有想寻求自下而上之路，带有一定的革命倾向。此次双方见面，颇有合作的意向，但后来他因获得光绪帝的信任，对自上而下的改革充满信心，因而双方无法继续合作。

康有为等三月抵达北京后，宿于京师东华门外的金顶庙，并参加会试。此时正值清廷在甲午海战战败后，派李鸿章与日本进行议和谈判。李鸿章将日方的割占台湾及辽东、赔款两亿两等苛刻的要求电示清廷，翁同龢等反对。康有为自称事先获悉三月二十一日（4月15日）李鸿章发给朝廷的电报，于是指派梁启超出面，鼓动广东举人联合上书拒和，又与梁启超一起鼓动各省举人在松筠庵举行会议，连夜赶写文书，联合各省举人签名上书，"与名者千二百余人"。这一上书因当时朝廷已在条约上用印，都察院拒收。①此叙述有不实之处。据研究，和谈内容很可能是清廷反对签约的政治高层有选择性地向外透露，目的是希望鼓动下层官员和民间力量出来反对。当时参加科考的各省举人，在各省的组织之下，都纷纷上书，声势颇大。在广东八十八名举人联名的上书中，梁启超为领衔；在联省举人上书中，联名的各省举人共六百○三人，没有康有为所称那么多。康有为在当时的上书中都未具名，而且很

---

① 康有为：《上清帝第四书》，《康有为全集》第五集，第84—85页。

可能没去递呈联省举人上书，因为光绪当时已批准条约。①尽管他在各上书中均未具名，但不能据此否定其在"公车上书"（汉代用公家马车递送应举的人，后世以"公车"代称参加会试的举人）中的作用。梁启超领衔广东举人上书，显是他的指派，而联省上书的文书为他所写。他之所以不具名，是因为此前《新学伪经考》被参劾，不便具名。

康有为所写的联省上书，近两万字，被康党称为"上清帝第二书"。此书的内容是拒绝和议，下罪己诏，迁都秦中再战，以及提出在列国并立的环境下，"当以开创之势治天下，不当以守成之势治天下"，需要进行一揽子改革：富国六项，分别是钞法、铁路、机器轮舟、开矿、铸银、邮政；养民四项，分别是务农、劝工、惠商、恤穷；教民开智，推行新教育，设立道学科；改革官制，通民情，设置"议郎"，同时派员出国学习，培养使才。其中，引人注目的有两项：一是设立道学科。他认为"'六经'为有用之书，孔子为经世之学，鲜有负荷宣扬，于是外夷邪教，得起而煽惑吾民"，因而需要设立道学科来挽救风俗人心。"其有讲学之儒，发明孔子之道者，不论资格，并加征礼，量授国子之官，或备学政之选"，同时

---

① 茅海建：《从甲午到戊戌：康有为〈我史〉鉴注》，第63—75页。

"其道学科有高才硕学,欲传孔子之道于外国者,明诏奖赏,赏给国子监、翰林院官衔,助以经费,令所在使臣领事保护,予以凭照,令资游历",声称"将来圣教施于蛮貊,用夏变夷,在此一举"。这实即以国家力量来落实其宣传孔教的设想,以对抗基督宗教;二是以通下情为由设置"议郎"。仿效汉制,约十万户举荐一人出来,轮班入值,充当皇帝的顾问,并参与大事讨论,实行多数决,颇有民众参与政治决策之意。①与初次上书相比,他在第二书中试图将其思想和全部改革主张一股脑写了进去,头绪纷繁,都无法详言。

康有为、梁启超在联省上书后,继续参加后续场次的科考。他此次中了进士,系"二甲四十六名进士。复试三等四名,朝考二等一百零二名";②梁启超未能高中。五月初十,他受引见,授工部预衡司主事,但称"未能为五斗折腰,故不到署"。③科考后,他利用此段空闲,将第二书修改为《为安危大计乞及时变法呈》,交由都察院代奏,即《上清帝第三书》。此书删掉了第二书中拒和、迁都再战等已失去时效的内容,调整和充实了改革内容。他

---

① 康有为:《上清帝第三书》,《康有为全集》第二集,第32—45页。

② 军机处《上谕档》,光绪二十一年五月初十日。转引自茅海建:《从甲午到戊戌:康有为〈我史〉鉴注》,第90页注1。

③ 康有为:《我史》,《康有为全集》第五集,第85页。

提出，中国正处于"四千年之变局"中，需要与列国"争雄角智"，具体的内容主要有两部分：一、以"富国、养民、教士、练兵"为中心的自强雪耻之策。前两项和第二书相差不大，后两项则略有不同："教士"一项除了原有内容外，提出改革科考，将武科改为艺科，令各州县开设艺学书院，选十五岁以上学童入堂学习，并通过经题策论及专门之学的考试，举荐半数到省学，称为秀才，实质具有普及教育之义；"练兵"提出"汰冗兵而合营勇""起民兵而立团练""练旗兵而振满、蒙""募新制以精器械""广学堂而练将才""厚海军以威海外"等六项。二、为实现上述目标，需要"求人才而擢不次""慎左右而广其选""通下情而合其力"，这是糅合了第一书的部分内容。

康有为的第三书是首次到达御前的条陈，得到了光绪的重视。光绪于闰五月二十七日（7月19日）下发谕旨，将其认为重要的改革奏折下发给各省大吏讨论。谕旨称："自来求治之道，必当因时制宜，况当国势艰难，尤应上下一心，图自强而弭隐患……惟以蠲除痼习，力行实政为先。叠据中外臣工条陈时务，详加披览，采择施行。"[①]这道谕旨传达出强烈的去除陋习、实现自强的愿望。尽管当时慈禧太后名义上已经归政光绪，但实权仍握在她手中，

---

① 陈宝琛等：《清实录·德宗景皇帝实录（五）》，卷三六九，中华书局，1987年，第837—838页。

光绪下发谕旨需经慈禧太后批准，这表明慈禧太后和光绪也有一定的改革意向。但对于慈禧太后而言，底线是不能过于触动其权力。在这次下发的条陈中，即有康有为条陈在内，这使得刚中进士的他名声大增。

受第三书上达天听的鼓舞，康有为在闰五月迁出金顶庙住进南海馆后，再次就变法草写上万多字的上书《变通善后讲求体要以图自强呈》，即《上清帝第四书》。此书强调"今泰西诸国以治法相竞，以智学相上，此诚从古诸夷之所无也"，希望从智学、治法上作改革，与西方抗衡。在智学上，"立科以励智学"，设立类似专利制度以鼓励发明创造，同时还改革教育教学等。

在治法上，"设议院以通下情"，分为五条：一、"下诏求言"，设上书处，允许天下人到午门递折。二、"开门集议"，在十万户中推举一人，凡有政事，在皇上领导下开会，按多数决执行。省、府、州、县亦设立。三、"辟馆顾问"，皇上开便殿，每日在办事之余与分班轮值的二十个顾问相谈政事。顾问人员可来自于翰林、自荐者、上书者或公共推举者。四、"设报达聪"，令直省州县相继各开报馆，进呈皇上，并由总理衙门派人每日翻译国外著名报纸的政艺内容，以备皇上阅览。这些也一并发给各衙门阅览。五、"开府辟士"，令县令以上大臣各开设幕府，广取天下人才。这五条建策，旨在打通君、臣、民之间的隔阂，让下情得以上达，同时起用新人。

此外，康有为还提到变法的次第：

> 先引咎罪己，以收天下之心。次赏功罚罪，以伸天下之气。然后举逸起废，求言广听，广顾问以尽人才，置议郎以通下情。数诏一下，天下雷动，想望太平，外国变色，敛手受约矣。

康有为将改革的希望完全寄托在光绪身上，似乎还不知道实权掌握在慈禧太后手中。在上书最后，康氏谨慎地提到"如蒙垂采，或赐召对，当别辑书进呈"[1]，颇想得到光绪的赏识。第四书与前两书相比，去掉了宣传孔教的内容，由设议郎发展出设"议院"。但是，"议院"并非是民选的议会，议郎人选由皇帝裁决，反而有所退步。

康有为拟写好第四书后，辗转交给工部、递察部、督办处等代递，都能获得上递。稍后，他另辟蹊径，和梁启超谋划在广东、上海刊印其上书。1895年7月，他们在上海石印书局以《公车上书记》为名刊印了《上清帝第二书》，并花钱在上海《申报》上登售卖广告七次，但销量似乎不佳；1896年，他收集了四次上书编成《南海先生四上书记》，由梁启超主笔的《时务报》馆代印，获得了非常积极的反响。

---

[1] 康有为：《上清帝第四书》，《康有为全集》第二集，第81—88页。

第二节　京师《万国公报》和《强学报》

康有为第四次上书不达，还草写了修整京城街道的折子，也无果而终。他于是准备南归，其好友沈曾植、陈炽等以时有可为为由，予以挽留，未成行。稍后，他与军机大臣、帝师翁同龢见了面。翁、康彼此在见面前已有一些了解：翁氏看过他的《上清帝第一书》，并作了摘抄，同时他的《上清帝第三书》又被光绪下旨讨论；而他的好友沈、陈是翁氏的门下人物。对于此次见面，康有为《我史》称其向翁氏详细说明了其变法方案，要求翁氏"力任变法，推见贤才"，被翁氏告知皇上无权，但也赞成要变法，后还让陈炽草写新政意旨，准备循次执行。①这些都无法考证。而翁同龢倒是在日记称他"举世目为狂生，自余

---

① 康有为：《我史》，《康有为全集》第五集，第86页。

观之，盖策士也"，①评价不算很高。

康有为在上书不达后，发现中国社会散漫低效、保守无知，要图改变，个体的力量有限，只有将散漫的个体凝聚成群，才能发挥强大的作用，才能营造出有利于新观念传播的公共舆论空间。他产生了一个新想法："思开风气，开知识，非合大群不可，且必合大群而后力厚也。合群非开会不可。"②而且，必须在京城开设学会。这是因为京师王公大臣的思想直接影响着变法，而京师也有着独特的政治优势，可令四方响应。此外，他还认为在京师光明正大地开设学会，不会让人怀疑其别有用心。于是，他到处游说士大夫一起在京师开设学会。

此时，好友陈炽提醒康有为，办事要有先后次序，应先用报刊来开通士人的耳目，再来办会。他听从了建议，于六月二十七日（8月17日）在京城创办了康党的第一份刊物《万国公报》，双日刊，借用售卖《京报》（朝廷主导刊登官方文书的出版物）之处的粗木板雕印。刊名有意使用与上海广学会的刊物《万国公报》同名，一来为了防止清廷压制，二来便于推广。该报由他领导，梁启超、麦孟华负责编辑，每号刊论说一篇，长篇则采用连载的方式，主要转录上海《万国公报》以及李提摩太、林乐知和花之

---

① 翁同龢著，翁万戈编：《翁同龢日记》，中西书局，2012年，第2859页。

② 康有为：《我史》，《康有为全集》第五集，第86页。

安等广学会成员著作中关于学校、军政的内容，都不署名，很可能出至六十或六十一号。①开始时，每号二两银的办报费用由他独力承担，每号刊印千份，免费送给朝士大夫，目的是让他们了解外国政事风俗，从而赞同变法。它对于改变当时京城的守旧风气发挥了很好的作用。

康有为并不富有，尽管陈炽、张之洞之子张权也提供了一些捐助，但经济上很快难以为继。北京《万国公报》发行两个月，他感觉京城舆论已渐开明，再加上其在士大夫中不断游说开设学会，时机已到。七月，在沈曾植、陈炽的支持下，他邀集了杨锐、张权、袁世凯、沈曾植、沈曾桐、陈允颐等筹备开设学会来译书刻报，筹得捐款两千，并举他和梁启超草写章程等。康、梁拟写的章程，经过数次会议才确定下来。接着，就准备在北京琉璃厂购地买书，开设"书藏"。筹备工作得到了英国在华传教士李提摩太的支持，英、美公使愿意提供西书及图器。然而，筹备时内部出现人事纠纷，康有为由于人际关系紧张，声誉未著而物议不佳，被张孝谦等以"吃花酒"为由攻击、排挤，很快陷于被动。而此时沈曾植、陈炽听闻有官员参劾京师《万国公报》，催促他离京。他只好于八月二十九日（10月17日）南下，留梁启超继续参与筹备

---

① 周伟驰：《康有为创办的北京〈万国公报〉各期内容及其来源》，《世界宗教研究》2020年第1期。

学会。①

康有为离开后,京师强学会的筹备工作继续进行,规模日大,收到了刘坤一、张之洞、王文韶等督抚及士大夫的捐款。十月初正式成立,列名的京官不少,倡议者之一的康有为则未列名。十一月初一日(12月16日),京师强学会创刊《中外纪闻》,双日刊,以梁启超、汪大燮为主笔,主要刊登阁抄谕旨、路透电讯、外报消息、西方自然科学等,并有论说等。该刊承接此前停刊的京师《万国公报》,颇有某种后者的继承者味道,发行至十二月初三日(1896年1月17日),出版约十五号。

康有为离京南下,还努力寻求在其他地方开学会,以响应京师强学会。九月十五日(11月1日),他抵达南京,去拜访好友梁鼎芬,希望其引见两江总督张之洞。梁鼎芬其时主讲钟山书院,颇受张之洞器重。梁鼎芬留他住了一段时间,并与黄绍箕等共商在上海开强学会。稍后,张之洞因次子溺死而陷入哀痛中,梁鼎芬以康有为健谈而有助于排遣哀伤为由,引荐他。他就去游说张之洞开学会,并谈及孔子改制思想,隔日一谈,每次时间甚长。张之洞是晚清颇为开明的大吏,是洋务运动后期的代表人物,支持变法。张之洞非常支持开强学会,并决定在上海、广东两

---

① 康有为:《我史》,《康有为全集》第五集,第87页。另,在《汗漫舫诗集》中,康氏说是参劾强学会。见《康南海先生诗集》,《康有为全集》第十二集,第174页。

处开设，上海交由其亲信汪康年办理，广东则由康有为办理，同时坚决反对孔子改制，屡屡劝诫他不要再讲此学。张之洞首捐了一千五百两作为开办费用。当时汪康年不在上海，他拟写上海强学会章程，和梁鼎芬、黄绍箕商议后，就刻印发出。按照章程，学会将办的要事有四项：译印图书、刊布报纸、开大书藏、开博物院。其中，他提出"创讲堂以传孔教"，悄悄将其孔教思想塞进学会中。接着，他十月在上海张园附近租屋，设立上海强学会，并购买图书、仪器设备等。

十一月二十八日（1896年1月12日），康有为在未经同人商议的情况下，以上海强学会之名创办周报《强学报》，免费赠阅，并急调其弟子徐勤、何树龄到上海担任主笔。在弟子抵达前，他操办了组稿与排版后，因要庆祝其母亲在十二月的寿辰而匆匆赶回广州。当张之洞阅读《强学报》后，大为愤怒，下令停刊停会。《强学报》只发行了前两号，第三号已排印，但目前未见。

张之洞何以见报后勃然大怒？这是由于康有为在报中不顾后果地宣传其孔教理念，具体是报中使用孔子纪年和刊登光绪上谕。所谓使用孔子纪年，指《强学报》分两列署写出版时间，右列为"孔子卒后二千三百七十三年"，以孔子去世之年作为纪年元年来记录年份，左列为"光绪二十一年……月……日"则是当时通用的纪年方式。在传统政治中，是否使用当时在位君王的年号纪年，意味着是

否接受在位君王的统治。康有为作为传统士人，当然深知其中意义，因而没有废弃光绪纪年，而是在前面增加了孔子纪年，不想直接对抗清廷。同时，为了减缓对清廷的冲击，《强学报》第一号配发了《孔子纪年说》，解释使用孔子纪年是要使人尊孔，以抵御基督宗教的传播，而将孔子纪年优先置于右，是因为师比君重要，并非是不接受光绪的统治。他的孔子纪年，显是出于宣传孔教的需要。但是，张之洞不赞成孔子改制说，而且这触犯政治大忌，当然无法容忍。所谓刊登上谕，指刊登光绪在闰五月二十七日（7月19日）下发给各省大吏的谕旨，要求他们讨论包括《上清帝第三书》在内的变法条陈。这谕旨属于"内部文件"，并不向民众公开。他刊发这谕旨，一方面想利用它来倡导变法，另一方面则有借光绪帝要求讨论其条陈的自重之意。将"内部文件"公开，对政治敏感的张之洞显然不能不管。

康有为的好友梁鼎芬在十二月十一（1896年1月25日）日致电《申报》，传达张之洞的意思："'自强学会报章，未经同人商议，遽行发刻'，内有廷寄及孔子卒后一条，皆不合。现时各人星散，此报不刊，此会不办。同人公启。"[①]这也造成了康有为与梁鼎芬关系的疏离。

[①] 汤志钧、陈祖恩编：《中国近代教育史资料汇编·戊戌时期教育》，上海教育出版社，1993年，第84页。

康有为其时正赶回广州，是通过书信了解此事的。恰好御史杨崇伊于十二月初七日（1896年1月21日）弹劾京师强学会要挟各省文武大员订阅《中外纪闻》，而光绪下发谕旨直接封禁京师强学会。康有为也趁着这一参劾而不再续办上海强学会及《强学报》，但并未灰心。他在给何树龄、徐勤的回信中说："一言以蔽之，彼有不办之心，我有必办之意，自为所挟制也。幸彼疑专为托局以行其经学，尚可解。"①"彼"指张之洞一派。按信中透露，他除了要借上海强学会推行其孔教理论后，似乎还有不可解的"经学"之外的目的。

康有为其时在谋求自上而下的改革之外，似乎也在酝酿自下而上的革命。戊戌政变后，清政府在广州万木草堂中搜出了一批康党往来信件，其中何树龄1895年致信康有为说："先生为何等人！贪污佞谄不可避。注意于大同国，勿注意于大浊国，以大浊国为开笔衬笔可耳……大浊国必将大乱，为人所瓜分。"②"大浊国"即指大清。何树龄强调他们的主旨是要建立大同国，对于大清的事不宜过多注意，并预测大清很快会出现大乱，并被列强瓜分。而梁启超当时也致信他称："谭复生，才识明达，魅力绝

---

① 康有为：《致何树龄、徐勤书》，《康有为全集》第二集，第100页。

② 何树龄：《致康有为函》，中国史学会编：《戊戌变法（二）》，上海人民出版社，1957年，第578页。

伦，所见未有其比，惜佞西学太甚，伯里玺之选也……有陕西书院山长刘光蕡，自刻强学会两序于陕，倡行推重甚至。此人想亦有魄力，闻已在陕纠资设织布局矣。辄以书奖导开谕之，并馈以《伪经考》，视其他日如何，或收为偏安帝都之用也。"①伯里玺即英语president（总统）的音译。梁启超评价谭嗣同、刘光蕡可以作为总统、"偏安帝都之用"，显示出康、梁似乎谋图革命，在加紧物色人才，以便革命成功后用人。戊戌流亡后，康有为致信赵曰生称，其未见到光绪前，"当时鄙见专以救中国四万万人为主。用是奔走南北，大开强学、圣学、保国之会，欲开议院、得民权以救之"，亦即走自下而上的救中国民众之路，有颠覆清廷之意；见到光绪后，发现光绪圣明，因而专意于走借助王权实现变法的自上而下之路。②后来保守派攻击康氏"保中国不保大清"，并非空穴来风。

康氏倡导的强学会以及发行的京师《万国公报》《强学报》等，虽然招致封禁或停办，但无疑是近代中国人自主办学会、报刊的先导。此后，各地学会与报刊纷起。

---

① 梁启超：《与康有为书》，《戊戌变法（二）》，第543页。

② 康有为：《与赵曰生书》，《康有为全集》第五集，第400页。

第三节　讲学著书，伺机行动

1896年初，康有为为母寿而回到广东。直到1897年秋，此后近两年，他将主要精力放在讲学著书上。这并非因受挫沮丧而钻入故纸堆，而是以另一种方式来实现其宣传孔教和变法的思想。他这时期完成的《春秋董氏学》《孔子改制考》《日本变政记》《日本书目志》等著述，都围绕着这目标进行。

其中，《春秋董氏学》自序署"光绪十九年"（1893），刊行则在1897年冬。在康有为看来，孔子在《春秋》中阐发的素王改制思想，通过口说而传承。汉代今文经学家董仲舒传承了这些口说，并用文字记载下来，故而尽管董仲舒没有孟、荀道术高明，但其《春秋繁露》的微言奥义远比孟、荀多。这就需要通过董仲舒的学说来把握孔子素王改制思想：

董生道不高于孟、荀，何以得此？然则是皆孔子口说之所传，而非董子之为之也……故所发言轶荀超孟，实为儒学群书之所无。若微董生，安从复窥孔子之大道哉！①

　　全书即分主题摘录董仲舒的文献，再加按语阐发其中的"春秋学"思想。当然，康有为的策略更多是将董氏学说为我所用，不能代表董仲舒的真正想法。如董仲舒从书法角度阐发"三世"说，而他则结合小康、大同，将它阐发为一套文明进化历史观："'三世'为孔子非常大义，托之《春秋》以明之。所传闻世为据乱，所闻世托升平，所见世托太平。乱世者，文教未明也。升平者，渐有文教，小康也。太平者，大同之世，远近大小如一，文教全备也。大义多属小康，微言多属太平。为孔子学，当分二类，乃可得之。此为《春秋》第一大义。"②借助董仲舒对元的解读，他提出孔子的思想是"以元统天"，即以元气为本原，元气不仅形成天，还形成人的魂或神。对此，他在一自注中透露了其目的："尝窃愤儒生只能割地，佛言

----

① 康有为：《春秋董氏学》，《康有为全集》第二集，第307页。

② 康有为：《春秋董氏学》，《康有为全集》第二集，第324页。

魂，耶言天，皆孔子所固有，不必因其同而自绝也。"①亦即，他希望通过"以元统天"说，一方面展示孔子学说比佛、耶高明，另一方面试图为孔教导入宗教性内容提供理论依据。

《孔子改制考》的酝酿，康有为称1886年与陈庆笙讨论清代秦蕙田的《五礼通考》时就开始起稿，当时的目标是从三代古礼中分辨出孔子所定的礼制。②可是，他纠集高才弟子编纂，并于1898年初刊行的《孔子改制考》的目的并非如此。全书二十一卷，首篇提出三代作为人类历史的早期，就如人无法记住童年一样，是无法稽考的。在此基础上，他从诸子的创教、改制、托古、学说交攻到学说传承依次展开论述，再以同样的思路来集中讨论孔教。由于首篇断定三代无可稽考，所谓的三代之礼只是孔子、诸子等表达其理想礼制的寄托对象，切断了三代与孔子礼制的关联，以便突显孔子空前的地位。它的重心在于通过诸子一齐参与托古改制的衬托，重写先秦时代的思想史，确立孔子是黑帝降精、拯救万民的神明、圣王、万世师和大地教主，其地位空前，以不忍之心制定了以太平大同为终极目标的"仁政"，并通过考证表明，孔子的教化已在历史中产生重要影响。即便他原来有过撰写计划，但已与后来

---

① 康有为：《春秋董氏学》，《康有为全集》第二集，第373—374页。

② 康有为：《我史》，《康有为全集》第五集，第82页。

的呈现大相径庭。

由于廖平曾向康有为出示过《知圣篇》，而其《孔子改制考》与它有较大的关联，因而在此作一简要讨论。廖平的《知圣篇》原作于1888年，未刊行，1902年刊行的是增订本。李燿仙联系《古学考》述《辟刘》的原文，提出康有为接纳了原《知圣篇》的四个要点：第一，古制简陋，古史多神怪不经，孔子为力绝神怪、端人心而正治法，因而改制；第二，孔子受天命改制；第三，"六经"为孔子改制所作；第四，孔子改制托古。其中，前面三个要点，前人已经述及，只有孔子改制托古为廖平独创。而康有为未接纳的要点有：第一，廖平认为只有孔子受天命改制，诸子没有，而他则认为诸子创教改制，带有一定的平等色彩；第二，廖平重视《王制》，不专主《春秋》，而他以《春秋》为主；第三，廖平偏重于"三统"说，而他偏重"三世"说，引入了其社会历史进化观。第四，廖平虽重孔子的制度，但不言人民有自立自主之权，而他则大力发挥，如"孔子拨乱升平，托文王以行君主之仁政，尤注意太平，托尧、舜以行民主之太平"[①]，反映出时代要求。[②]

---

① 康有为：《孔子改制考》，《康有为全集》第三集，第150页。

② 李燿仙：《〈廖平选集〉（上册）内容评介——代序》，《廖平选集（上）》，第8—11页。

此外，李燿仙没有注意到，康有为将创教置于改制之前，提出"凡大地教主，无不改制立法也"①，为廖平著述所没有。而这表明在他眼中，孔教的建构优先于改制。如果联系前述致朱一新的信，不难看出其首要目标是建构孔教。事实上，1898年初，他意外获得光绪赏识而主动进呈《孔子改制考》时，曾陈述其用意：

> 臣考孔子制作六经，集前圣大成，为中国教主，为神明圣王，凡中国制度义理，皆出焉……臣谨从孟子、董仲舒之义，纂周汉人之说，成《孔子改制考》一书，谨写进呈，敬备乙览。伏惟皇上典学传心，上接孔子之传，以明孔子之道。伏乞皇上举行临雍之礼，令礼官议尊崇之典；特下明诏，令天下淫祠皆改为孔庙，令士庶、男女咸许膜拜祭祀。②

康有为意图借助清廷力量来推动孔教建制化。至于变法，由于孔子改制是内嵌于孔教的核心理论内容，在未达到太平大同的终极目时，都需要因时改制，因而孔教

---

① 康有为：《孔子改制考》，《康有为全集》第三集，第111页。
② 康有为：《清商定教案法律厘正科举文体听天下乡邑增设文庙谨写〈孔子改制考〉进呈御览以尊圣师而保大教折》，《康有为全集》第四集，第94页。

理论内在地要求变法。这样，对孔教理论的接受意味着必然接受孔子改制。所以，他当时首要的是谋求孔教的建制化。通常认为康有为撰写《孔子改制考》的首要目的是倡导变法，似乎未能把握其深意。

《日本变政考》稿成后未刊行，康有为于1898年曾两次进呈光绪。他在《我史》自称从丙戌年（1886）年开始收集资料，①但初次进呈时称"臣二十年讲求为万国政俗之故，三年来译集日本变政之宜"，②而在后来伪造的第二次进呈折中称"乙未和议成，大搜日本群书，臣女同薇，粗通东文，译而集成"，③其编写应在1895年后。1896年，他得到较多的日本书，在长女同薇的协助下，在当年大致成稿。《日本变政考》着眼于展示日本由明治维新而成为强国的过程，以便为中国的变法提供借鉴。当然，他的目标并非客观呈现，而是为我所用地改写。如明治维新时天皇的五条誓文，原是：一、广兴会议，万机决于公论。二、上下一心，盛展经纶。三、官武一体，以至庶民，各遂其志，毋使人心倦怠。四、破除旧有之陋习，一本天地之公道。五、求知识于世界，大振皇国之基业。而他则

---

① 康有为：《我史》，《康有为全集》第五集，第88页。

② 康有为：《进呈〈日本变政考〉等书乞采鉴变法以御侮图存折》，《康有为全集》第四集，第48页。

③ 康有为：《日本变政考》，《康有为全集》第四集，第103—104页。

作："一曰破除旧习，咸与维新，与天下更始；二曰广兴会议，通达下情，以众议决事；三曰上下一心，以推行新政；四曰国民一体，无分别失望；五曰采万国之良法，求天下之公道。"①两相对比，可以发现其中差别颇大，如：日本维新誓言，主要是面向日本公卿、诸侯而对天地神明的誓言，绝非对广大平民的改革宣言，第一条是为稳定大名、公卿的情绪，让他们通过协议解决问题，以便建立以天皇为首的中央集权国家，第四条是暗示放弃"攘夷"口号，积极与外国交往。②而康氏调整了五条誓言的次序，将原来的第四条置于首位，目的是强化民众的政治参与作用。

《日本书目志》刊行于1898年春，其体例是对日本19世纪下半期出版的近八千种新书目作分类整理，并于每类下以按语形式作简要介绍及评论。其中有些按语采自其1888年前后撰写的一批读书笔记。据研究，康有为此书依据东京书籍出版营业者组合事务所于1893年7月编辑出版的《东京书籍出版社业者组合员书籍总目录》，根据其对西学的理解和政治改革的需要，作了一些删减、增补等

---

① 康有为：《日本变政考》，《康有为全集》第四集，第105页。

② 朱忆天：《康有为的改革思想与明治日本》，上海人民出版社，2011年，第77—78页。

工作。①

　　康有为对日本书籍的搜集,曾在《延香老屋诗集》中说是因当过日本使馆翻译的同乡陈焕鸣而获见日本书目,并托其购买,这大概在光绪十年(1884)前后;②而在另一处称"昔在圣明御极之时,琉球被灭之际,臣有乡人,商于日本,携示书目,臣托购求"③,日本宣布琉球废藩置县是1879年,其中介则是同乡商人。

　　在上述著述中,《春秋董氏学》《孔子改制考》属于其孔教建构计划的内容:《春秋董氏学》是阐发汉代的经说,表明其所持的孔子改制说渊源有自,并非奇怪之论;《孔子改制考》则是直接阐明孔子创教改制的总纲领。这两书的撰著,为其孔教宣传提供了理论基础,属于"敷教之义"。而《日本书目志》《日本变政考》则提供新知识,以便通过传播新知来营造新风气,减少变法的阻力。因而,其著述可看作是以退为进来宣传孔教和变法的一种方式。

　　实际上,康有为除了在广州讲学、著述之外,亦一直

----

　　① 参见王宝平:《康有为〈日本书目志〉资料来源考》,《文献》2013年第5期。

　　② 康有为:《康南海先生诗集》,《康有为全集》第十二集,第146页。

　　③ 康有为:《日本变政考》,《康有为全集》第四集,第105页。

在伺机行动，谋求自下而上的救国之路。

1896年八月，康有为游观香港，曾与兴中会领导人之一的谢缵泰见面。谢缵泰记载道："我们讨论了中国的政局，我建议在伟大的维新工作中必须联合与合作。康有为拟出了维新计划大纲……经过秘密交换意见后，我们同意联合与合作。"①而且康广仁、何树龄等康党与孙中山等革命派有着联系，这才使两派于1897年合作开办日本横滨大同学校。这学校一度成为两派合作的基地，但因1898年被官员参劾其与孙中山合作，而且两派有权力之争，才导致两派的合作破裂。

1896年十月，澳门富商顺德人何穗田邀请康有为、梁启超到澳门创办一份新报，仿效《时务报》，请当时因撰写《变法通议》而名声大振的梁启超为主笔。此报即《知新报》，于光绪二十三年（1897）正月出刊，戊戌政变后仍继续刊行。此报为康党控制，致力于宣传孔教和变法等。此后，康有为还谋求出南洋，但未成行。

澳门之行的成功激励了康有为：既然在京师、上海等中心区域受限，何不在清廷控制较弱的地方尝试，或许能打开局面？粤、桂毗连，在联省公车上书时，粤省签名八十多人，桂省则有近百人，而且康有为原曾到桂林

---

① 谢缵泰著，江煦棠、马颂明译：《中华民国革命秘史》，《孙中山与辛亥革命史料专辑》，广东人民出版社，1981年，第297页。

讲学，此时主政广西的按察使蔡希邠是其旧交。于是，在1896年十二月新年之际，他抵达桂林讲学，仍住风洞。由于他此时已有功名在身，受到了地方乡绅如周璜、唐景崧、岑春煊等热情招待，招来了一帮门生。他不仅通过讲学来宣传其思想，而且在蔡希邠的支持下，办起了圣学会。1897年三月七日（4月8日），圣学会成立，臬道以下官绅两百多人集会。圣学会的要务为：庚子拜经，即每逢庚子日诵儒家经典并行儒礼，类似于基督宗教的礼拜；广购书器；刊布报纸，即在三月中旬创办的《广仁报》，这是广西创办的第一份报纸；设大义塾，教授经学等；开三业（农工商）学，翻译书籍，设立学会。

康有为在广西诸事开展顺利。四月，广西兴安县会匪起事，波及各县。他请史念祖在桂林戒严，但没被理会。于是，他请唐景崧以圣学会的名义办团练，唐景崧不仅答应，而且还出资募集丁勇。他又夜晚去叩蔡希邠的门，要求借拨军械给丁勇。他到广西讲学的目的已达到，[①]于六月返回广州，继续其讲学。

这是康有为第二次到桂讲学，历时半年之久。

---

① 廖中翼：《康有为第二次来桂讲学概况（节录）》，《追忆康有为（增订本）》，第221页。

第四节　到京师掀起改革风暴

1897年八月，康有为在广州花地筑屋，纳妾梁随觉。随后，他应澳门富商何穗田之请，到京师游说官员，促进巴西到华招募劳工事宜。1891年，巴西成立合众国，咖啡产量占据世界总额的一半以上，种植园急切需要劳动力，因而巴西政府派使到华谈判招募华工。由于中国当时没在巴西设立使馆，为保护中国劳工权益，总理衙门于1894年1月21日发布命令，在未与巴西政府签订章程之前，禁止运送华工到巴西。何穗田与巴西使节相熟，而且其中有着巨大的商业利益，想促进此事，但苦于在京师缺乏人脉关系。这时，何穗田获悉康有为对巴西招募华工一事颇感兴趣。康有为在1896年曾遇到巴西派往中国招募华工的大使，预测清廷不变法必被列强瓜分，天真地想仿效英国清教徒殖民北美的做法，让华人移民巴西，将巴西变为"新中国之国土"。①于是，何穗田请他去京师，而他也乐于促成此事。

康有为刚到北京，就遇到了德国舰队以德国传教士理加略和能方济被杀为借口，强占胶州湾。他借此机会，拟写了《外衅危迫分割洊至急宜及时发愤革旧图新呈》，即《上清帝第五书》。康氏在此书中提出了一系列政治改革方案，包括：一、先下罪己诏以激励人心，然后明耻以激励士气；二、召集人才作咨询，允许百姓上书；三、明定国是；四、设立国会讨论国事；五、召集人才讨论筹款变法的方法；六、采择世界各国律例，制定宪法和律法；七、整顿吏治，裁汰不称职者；八、派遣王公大臣及才俊之士出国考察，否则不得当官从政；九、实行财政预算；十、考察万国得失，以求进步改良；十一、清除不合时宜的旧例；十二、大借洋债来推动政治改革。

同时，康有为还提出了实施新政的上、中、下三策：上策是"采法俄、日以定国是"，中策是"大集群才而谋变政"，下策是"听任疆臣各自变法"。"能行其上，则可以强；能行其中，则犹可以弱；仅行其下，则不至于尽亡。"他由于看到外辱频现，愤懑不已，言辞过于激烈讦直，如"且恐皇上与诸臣，求为长安布衣而不可得

---

① 蒋贵麟：《康南海先生轶事》，《追忆康有为（增订本）》，第156—157页。

矣""欲为偏安，无能为计"，①致使当时工部长官松溎阅后大怒，未为代递。虽然这次上书未能上达天听，但他将它刊布于世，借助传媒让其思想再次在社会产生轰动效应。

此外，康有为还替高燮曾等几位官员草拟了奏折，拜谒翁同龢，同时也通过朋友的引荐拜谒了李鸿章。他游说李鸿章开放巴西招募华工事宜，李鸿章提出只要巴西大使来请求，双方谈判后签订章程即可实行。

康有为称此行已达到目的，正准备趁黄河结冰前赶回广州，而此时翁同龢散朝后来访，劝其留下。巧妙的是，第二天给事中高燮曾就上折保举他加入"弭兵会"。②"弭兵会"是欧洲一些有识之士为避免战争冲突而倡导设立的会议，当时并未成为正式的国际组织，1899年才在荷兰海牙召开第一次国际性的"保和会"。对于"弭兵会"，《万国公报》曾有一些介绍，但这对高燮曾应该比较遥远。康有为是《万国公报》的读者，而且曾产生出游海外的想法，而高、康两人交往不少，康有为曾替高燮曾写过奏折，因而高燮曾的保举应与康党的操作有关。保举折写道："臣见工部主事康有为学问渊长，才气豪迈，熟谙西法，具有肝胆，若令相机入弭兵会中，遇事维持，于将来

---

① 康有为：《上清帝第五书》，《康有为全集》第四集，第2—7页。

② 康有为：《我史》，《康有为全集》第五集，第89页。

中外交涉为难处，不无裨益，可否特予召对，观其所长，饬令总理各国事务衙门厚给资斧，以游历为名，照会各国使臣，用示郑重。"①其中提出请光绪召见。如此，康有为不可能想着离开京师，不等保举折的处理结果。在高燮曾的保举下，应该还有翁同龢、张荫桓的操作，光绪尽管未完全同意奏折所请，但下发谕旨，让总理衙门酌核办理。于是，他获得了一个突破性的进展，受总理衙门大臣传召问话。

1898年正月初二（1月23日），康有为受总理衙门之召前来问话。主要由李鸿章、翁同龢、廖寿恒三位大臣接见，荣禄与张荫桓后也参加了接见，荣禄提前离去。谈论的内容主要是时局和变法问题，时间约为两小时。据《我史》记载，他和荣禄有一场关于"祖宗之法"的争论：荣禄提出"祖宗之法不能变"，他针对性地回以："今祖宗之地不能守，何有于祖宗之法乎？"这过于戏剧性，不太可能出于现场，他当时正谋求大用，不可能过于高调，而荣禄为人处世甚精，是此时期军事改革的倡导者，不可能主动攻击。如参以翁同龢、张荫桓的日记，都未有此幕记载。大致上，康有为当时提出变法"宜变法律，官制为先"，并陈说了"法律、度支、学校、农商、工矿政、铁

---

① 转引自茅海建：《从甲午到戊戌：康有为〈我史〉鉴注》，第228页。

路、邮信、会社、海军、陆军之法"，以日本维新作为效法对象。①

总理衙门传见之后，康有为称翁同龢向光绪上奏了他的话，光绪准备召见，但为恭亲王奕䜣所阻，让先上条陈，再确定是否召见，因而光绪令其先上条陈，并呈送书籍。于是，康氏在正月初七日（1月28日）上了《外衅危迫分割洊至急宜及时发愤大誓臣工开制度新政局折》，即《上清帝第六书》。②但这不可信。二月十九日（3月11日）的《总理衙门代递折》称："惟既据该给事中奏称，该员学问淹长，熟谙西法，臣等当经传令到署面询。旋据该员呈递条陈，恳请代奏。臣等公同阅看，呈内所陈，语多切要，理合照录原呈，恭呈御览，伏乞皇上圣鉴。"③第六书是他主动请总理衙门代呈，并非出于光绪谕令，否则也不会拖延四十多天。

在此次上书中，康有为提出了改革的总体政治设计。首先，强调中国变法"以俄国大彼得之心法为心法，以日本明治之政为政谱"，亦即以俄国彼得大帝的决断来变法，而政治举措上则参照日本明治维新。而据他称，日本明治维新开始时主要有三件事：一是大誓群臣以革旧维新，而采天下之舆论，取万国之良法；二是开制度局于宫

---

① 康有为：《我史》，《康有为全集》第五集，第90页。
② 康有为：《我史》，《康有为全集》第五集，第90页。
③ 康有为：《我史》，《康有为全集》第四集，第11页。

中,征天下通才二十人为参与,将一切政事制度重新商定;三是设待诏所,许天下人上书,皇帝以时召见,称旨则选入制度局。其次,在中央,设立十二个专局来专任其事,凡制度局所议定的新政,交由这些局来施行。十二局分别是:法律局、税计局、学校局、农商局、工务局、矿政局、铁路局、邮政局、造币局、游历局、社会局、武备局。而地方改革则"变官为差",每道设一新政局,督办具有管理学校、农工、商业、山林、渔产、道路、巡捕、卫生、济贫、崇教、正俗事务的权力;每县设一民政局,由督办派员会同地方绅士公议新政,用厘金作资费。此外,对财政也提出改革方案,就是印纸币及大借洋款。①

就总体设计来说,制度局是中央的政治决策机构,负责制定一切新政新令,最为关键。它由天下通才数人和王大臣组成,就新政新令等问题进行共同讨论,最后由皇上作出决断。这只是引入了数名天下通才参与决策讨论,达到通下情的效果,并非是多数决式的民众参与,因而对皇权的冲击并不大,充当皇上的智囊团。而对康有为而言,开设制度局的好处是可以凭借通才身份进入其中,从而对变法施加影响。十二局是具体执行专门事务的机构。它连同新政局、民政局一起,取代原来的军机处、总理衙门、

---

① 康有为:《外衅危迫分割洊至急宜及时发愤大誓臣工开制度新政局折》,《康有为全集》第四集,第11—16页。

六部九卿，以及督抚及道府州县官制，剥夺了原官僚体制的权力。这给整个政治高层带来了恐慌，官僚们不惜违逆光绪的旨意，予以阻挠。

后来，康有为在戊戌后为了宣传的需要，将《上清帝第六书》修改为《应诏统筹全局折》，收入《戊戌奏稿》中。从折名可见，它变为他应光绪诏命而上的统筹变法全局的折子。而最大的修改之处，是将日本明治维新的经验总结为"大誓群臣以定国是""立对策所以征贤才""开制度局而定宪法"三条，并将定宪法的职能交给制度局。但是，在述及中国变法时，则没有明确言及宪法的制定。①

光绪在二月十九日（3月11日）收到总理衙门代奏的《上清帝第六书》后，当即直接下旨"总理各国事务王、大臣妥议具奏"，等相关衙门议复后，再行下旨。康有为可能探听到消息，于第二天即上折进呈《俄彼得变政记》，又被称为《上清帝第七书》。此书主要概述俄国彼得大帝改革，使俄国由弱致强的事。他在折中称："惟俄国其君权最尊，体制崇严，与中国同；其始为瑞典削弱，为泰西摈鄙，亦与中国同。然其以君权变法，转弱为强、化衰为盛之速者，莫如俄前主大彼得。故中国变法，莫如

---

① 康有为：《上清帝第六书》，《康有为全集》第四集，第18页。

法俄；以君权变法，莫如采法彼得。"①这和第六书相配合，主旨是要效法彼得大帝的心法，即以君权乾纲独断来快速推行新政。此折由总理衙门三月初三（3月24日）递呈给光绪。

在谋求制定全国性变法的上书期间，康有为还围绕着当时德国强占胶州湾，以及俄国强占旅顺、大连事件，为御史杨深秀、陈其璋等草写联英、日对抗德、俄的奏折，同时让弟子麦孟华等联合举人上都察院公呈，自己也呈递《为胁割旅大覆亡在即乞密联英日坚拒勿许折》等，发动奏折攻势，反对与俄国签约，割让土地。由于清廷当时已决定与俄国妥协，这一切行动都未能收到成效。

此外，康有为还尝试实行其"合大群"凝聚力量，走自下而上之路的办法。由于此前的强学会已被查禁，"开会"已成禁忌。但他打起擦边球，以乡党的名义先将在京的粤籍人士组织起来，于1897年十二月在南海馆创办了粤学会。同时，他又去游说鼓动其他士人组织类似的同乡组织，林旭组织的闽学会、宋伯鲁组织的关学会、杨深秀组织的蜀学会等相继成立。此时，梁启超也从湖南到了京师，他觉得"成一大会，以伸国愤"的时机已经成熟，遂于1898年三月二十二日（4月12日），在粤东馆联合这

---

① 康有为：《为译纂〈俄彼得变政记〉成书可考由弱致强之故呈请代奏折》，《康有为全集》第四集，第26页。

些学会创办保国会，并制定了章程。他在第一次集会中做演说，对当时清廷的统治颇多批评，称"若夫泰西立国之有本末，重学校，讲保民、养民、教民之道，议院以通下情，君不甚贵，民不甚贱，制器利用以前民，皆与吾经义相合，故其致强也有由。吾兵、农、学校皆不修，民生无保养教之之道，上下不通，贵贱隔绝者，皆与吾经义相反，故宜其弱也"，"今吾中国以无动为大，无一事能举，民穷财尽，兵弱士愚，好言安靖而恶兴作，日日割地削权，命门火衰矣、冷矣、枯矣、缩矣、干矣、将危矣"。①而在保国会章程中，则以保国、保种、保教为主旨，似有意隐去大清。很快，保守派攻击、参劾保国会"聚众谋反""保中国，不保大清"，但光绪收到参劾奏折后，没有作出任何处理决定，有意作冷处理。但保国会只进行了两三次集会，因被参劾而自行停止。

---

① 康有为：《京师保国会第一次集会演说》，《康有为全集》第四集，第57—59页。

第五节 "百日维新"

由于清廷有一段时间忙于处理俄国强占旅顺、大连事宜，无暇顾及内政，康有为停止了进呈著述。等到清廷决定与俄国签约后，他于三月二十日再次进呈著作及附件言事。此次进呈的是《日本变政考》《泰西新史揽要》《列国变通兴盛记》，主要是给光绪提供变法的历史事例。其中最重要的是《日本变政考》，配合《上清帝第六书》，为变法提供指南："吾但假日本为向导，以日本为图样。其行之而错谬者，日本已蹈而去之，吾不复践之；其下手可推施者，日本已精择之，吾但取而誊写之。先后之序，不致有误分毫；轻重之宜，不致失于举措。"①

值得注意的是，尽管康有为声称《上清帝第六书》是

---

① 康有为：《进呈〈日本改政考〉等书乞采鉴变法以御侮图存折》，《康有为全集》第四集，第48页。

奉旨上奏，但作为工部候补主事，并没有直接上奏权，要以总理衙门为行文对象，再由总理衙门代呈给光绪，因而其条陈的起首为"具呈。工部主事康有为为……呈请代奏事"，结语为"伏惟代奏皇上圣鉴。谨呈"。而此次他使用了通行的上奏体，直接行文给皇上，起首为"工部主事臣康有为跪奏……恭折仰祈圣鉴事"，结语为"伏乞皇上圣鉴。谨奏"。这表明其已获得了某种破格上书的特权。如结合背景，光绪很可能受俄国强占旅顺、大连的屈辱刺激，对他所上的第六书及《俄彼得变政记》发生了兴趣，想有所作为，故而下有旨意。否则，总理衙门不会接到折子，仅三天内就将它转呈光绪。①而光绪在收到的当日，将他的条陈及进呈的书籍呈送给慈禧太后。

康有为获得破格上书特权，对他上书言事无疑是突破。然而不巧，此时出现了两件对他不利的事：第一，是他组织的保国会，被参劾。第二，康党和孙中山在日本合作的横滨大同学校出现两派的权力之争，而《时务报》汪康年、曾广铨东游日本与孙中山见面，被当地报纸披露。这些事被有关官员侦知到并报告给了总理衙门。孙中山是清廷明令通缉的乱党首领，"勾结乱党"罪名可不小。康有为和梁启超得知相关消息后，萌生尽快南归的想法。后

---

① 参见茅海建：《从甲午到戊戌：康有为〈我史〉鉴注》，第328—330页。

来，保国会的事因光绪的冷处理而得以化解，而与孙中山联系的事，则依靠翁同龢、张荫桓而得以掩饰过去。他和梁启超才能继续留在京师。而康氏弟子徐勤等在横滨大同学校为洗脱"勾结乱党"罪名，尽量与孙中山划清界限，全面控制学校。

四月初十（5月29日），恭亲王奕訢去世。这样，翁同龢就成为军机处的主导力量。康有为想借此时机促成变法：一方面催促翁同龢变法，但翁同龢对此事态度不积极，希望他离开京师。翁同龢此时处境不太好，慈禧太后和朝廷要员根本不允许其在军机处一头独大，要保持班子的平衡，因而被参劾，后来慈禧太后更是直接调整军机处班子。同时，翁同龢当时已读过《孔子改制考》，不认同其经学，认为他"居心叵测"，与其撇清关系。① 另一方面，则发动奏折攻势，力促变法。他代御史杨深秀草拟了《请定国是明赏罚以正趋向而振国祚折》，于四月十三日（6月1日）递到军机处，称"臣愚谓皇上仍主守旧则已，若审观时变，必当变法，非明降谕旨，著定国是，宣布维新之意，痛斥守旧之弊，无以定趋向而革旧欲"，并运用赏罚权柄，效仿俄彼得大帝变法诛近卫大臣，重惩守旧之徒，新法就能速见实效。② 又代翰林院侍读学士徐致靖拟

---

① 陈义杰整理：《翁同龢日记》，第3128页。
② 康有为：《请定国是明赏罚以正趋向而振国祚折》，《康有为全集》第四集，第70页。

定《请明定国是疏》，于四月二十日（6月8日）递到军机处，针对光绪谕旨所下的新政没有任何举动，请求光绪在守旧与开新之间作出取舍，以便臣民有所适从，实质催促光绪通过下明诏定国是来确立变法。光绪在收到此两折的当天，分别以原折进呈慈禧太后，听取其意见。

慈禧太后阅读两份奏折后，最终批准了下明诏定国是。但诏书颁发前后，慈禧太后调整了朝廷中枢人事。在四月二十二日（6月10日），即下发诏书的前一天，慈禧太后调整了中枢班子，任命亲信荣禄为大学士，刚毅升协办大学士，崇礼接任刑部尚书，目的是制衡翁同龢。而四月二十七日（6月15日），罢免翁同龢，[①]调直隶总督、北洋大臣王文韶入京，接替翁同龢的位置，调新任四川总督裕禄入军机处，荣禄为直隶总督兼北洋大臣。这样，京师一带的军权就掌握在慈禧手中。同时，内阁明发谕旨，凡受慈禧太后赏项，以及授予文武一品、满汉侍郎、各省将军、都统、总督、巡抚、提督，须向其谢恩。这意味着光绪任命高级官员均须慈禧太后同意。这连串政策的出台，表明慈禧太后虽然同意变法，但由于无法预测变法的走向，提前将变法置于其权力控制范围之内。假如变法过于触碰其权力，她可以及时通过训政来制止。这预示着维新

---

① 对于罢免翁同龢的发起者是光绪还是慈禧太后，目前学界看法不一。可参看茅海建：《从甲午到戊戌：康有为〈我史〉鉴注》，第417—419页。

变法不可能走得太远。

对于明定国是诏的批准情况,翁同龢在日记中记道:"是日上奉慈谕,以前日御史杨深秀、学士徐致靖言国是未定,良是,今宜专讲西学,明白宣示等因,并御书某某官应准入学,圣意坚定。臣对:西法不可不讲,圣贤义理之学尤不可忘。"①据此,慈禧太后接受了两折"宜专讲西学"的看法,并决定发明诏将它确立为国是。反而是一直在推进变法的翁同龢,觉得这过于偏激,提出传统义理之学不能忘,不能只强调西学。于是,翁同龢拟写了《明定国是诏》,并于四月二十三日(6月11日)下发。诏称:

> 朕惟国是不定,则号令不行,极其流弊,必至门户纷争,互相水火,徒蹈宋明积习,于时政毫无裨益……用特明白宣示,嗣后中外大小诸臣,自王公以及士庶,各宜努力向上,发愤为雄,以圣贤义理之学,植其根本,又须博采西学之切于时务者,实力讲求,以救空疏迂谬之弊。专心致志,精益求精,毋徒袭其皮毛,毋竞腾其口说,总期化无用为有用,以成通经济变之才。②

---

① 陈义杰整理:《翁同龢日记》,第3132页。
② 赖骏楠编著:《宪制道路与中国命运:中国近代宪法文献选编(1840—1849)·上》,中央编译出版社,2017年,第100—101页。

翁同龢综合了其和慈禧太后的意见，在以义理之学为根本的基础上，强调讲求西学，以求切于实用。但对于要如何做，诏书只提到首先开办京师大学堂，划定了入读大学堂的名单，包括了所有翰林院编检、各部院司员、大门侍卫、候补道州府县以下官、大员子弟、八旗世职、各省武职后裔。这应是落实"御书某某官应准入学"。整体而言，诏书只是确立了向西方学习的方向、路线，除了声明要办京师大学堂之外，其他具体的措施都未涉及，留下了很多可能性。

无论如何，《明定国是诏》以明旨宣示的形式确立了向西方学习的方向、路线，一场仿效西方的变法活动正式拉开了帷幕。

康有为在《我史》中自言本已决定于二十四日出京，因接家书得悉广东正流行疫疠，留在京师。①这可能不实。当《明定国是诏》刚下发，他立即一边组织其他人举荐自己出任要职，一边频频上书提出具体事项的变法建言。这两者承接《明定国是诏》而来，希望在向西方学习的大框架下对变法的具体措施、内容施加影响。反应如此迅速，不像已决心出京。

四月二十五日（6月13日），康有为代侍读学士徐致靖拟写《国是既定用人宜光谨保维新救时之才请特旨破格委

---

① 康有为：《我史》，《康有为全集》第五集，第93页。

任折》，保举康有为、黄遵宪、谭嗣同、张元济、梁启超五人。其中称"臣窃见工部主事康有为，忠肝热血，硕学通才，明历代因革之得失，知万国强弱之本原……其才略足以肩艰巨，其忠诚可以托重任。并世人才，实罕其比。若皇上置诸左右以备顾问，与之讨论新政，议先后缓急之序，以立措施之准，必都有条不紊，切实可行，宏济时艰，易若反掌"①，褒扬极致，保举他作光绪的顾问，主导变法。光绪收到奏折后，颁旨于同月二十八日（6月16日）召见他和张元济。光绪召见他时，两人面谈两个多小时，《我史》载有相关内容。他用词极其张扬，俨然一幅老师指导学生的画面，其中谈及：变法须"全变"，须先改定制度、法律；重用小臣；改革八股考试，以开民智。召见后，光绪令他在总理衙门章京上行走。尽管这已是特旨派差，为当时罕见，但离他想当光绪顾问来指导变法还有距离，故辞而不就。

稍后，五月初一日（6月19日），康有为上奏《请御门誓众开制度以统筹大局折》。此折除了谢召见之恩外，他还以"许令将面对未详者准具折条陈，并将著书进上"为依据，系统陈述了他的变法思想。他认为，"以方今不变固害，小变仍害，非大变、全变、骤变不能立国也"，

---

① 康有为：《国是既定用人宜先谨保维新救时之才请特旨破格委任折》，《康有为全集》第四集，第75—76页。

因而需要统筹全局：先将"内政、外交一切法度尽行斟酌改定，使本末、精粗、小大、内外皆令规模毕定，图样写就"；然后分先后、缓急的次序次第举行，选天下通才来分任。而对于具体做法，则是重申《上清帝第六书》的设立制度局和十二局，由十二局来负责具体专门的事，而制度局则负责作决策：

> 若其粗迹，若法律、度支、学校、农、工、商、矿、铁路、邮政、海军、民兵及各省民政诸局，臣前者既言之；变科举、开学会、译西书、广游历以开民智，臣面对已略举之，皆制度局之条理之一端而已。

整个方案的核心在于开制度局。故而康有为力促光绪要展示变法的决心，亲御乾清门并大誓群臣，迅速开制度局。①光绪收到总理衙门代递的此折后，赐予他通过军机大臣廖寿恒上奏条陈及著作的特权，不需经过堂官。

此后的整个变法期间，康有为一方面利用直接上条陈著作的特权，使用上奏的形式提出自己的具体变法主张，并通过进呈著作，为光绪提供变法的样板或经验教训；另一方面，则采用替官员拟写奏折的形式，发动奏折攻势来推动变法。简言之，即通过进呈著作及上奏来对变法施加

---

① 康有为：《请御门誓众开制度局以统筹大局折》，《康有为全集》第四集，第87—89页。

影响，指导变法。

在进呈著作上，康有为进呈的有《俄彼得变政记》《日本变政考》（两次）《泰西新史揽要》《列国变通兴盛记》《孔子改制考》（九卷）、《光绪二十三年列国政要比较表》《波兰分灭记》《日本书目志》《日本地产一览表》等九种，可能进呈的有《列国岁计政要》《文学兴国策》《西国学校》等三种。① 这些书籍，或介绍各国与变法相关的情况，或为新政提供具体的引导，同时还不时加以按语，以强化光绪的变法决心，按照其思路来变法。当然，他的介绍或按语，是按照变法者存、守旧者亡的主观逻辑处理相关话题。如《波兰分灭记序》中称波兰灭国是由于开始时贵族和波王不听从小臣的变法倡议，后来俄国入侵，波王和贵族想变法已经来不及了，被俄国勒令守旧法而不变，终致灭亡。实际上，波兰的灭国和内讧有关系，更主要的是其位于大国边上。在这基础上，他提出：

> 今吾贵族大臣，未肯开制度局以变法也。夫及今为之，犹或可望；稍迟数年，东北俄路既成，长驱南下，于是而我乃欲草定宪法，恐有勒令守旧而不许者

---

① 茅海建：《从甲午到戊戌：康有为〈我史〉鉴注》，第509—510页。

矣。然则吾其为波兰乎？①

在他笔下，波兰成为中国的影射，都是小臣倡导变法，大臣守旧，而且同受俄国威胁。这无疑在提醒光绪，为避免波兰的下场，必须坚定地支持变法。

在奏折上，康有为自拟或代他人拟写的奏折达五十多个，涉及人才选拔、改革科举、设立孔教会、专卖制度、教育、政练兵、办报、天足、编书、练兵、译书、借款、报律、官制等方面的内容，其中不少内容为光绪所采纳。在短时间内能写出如此多、内容如此广泛的奏折，表明他对变法已有颇为成熟的系统看法。其中，他最关心的有两项：一是变科举、废八股；二是开制度局。

变科举、废八股是康党的重要政治目标之一。八股作为明清科举考试的专用文体，有固定格式，由破题、承题、起讲、入手、起股、中股、后股、束股八部分组成，后四股每股又都必须有两股排比对偶的语句，故名八股。八股取士，内容限定在"四书五经"内，形式高于内容，应考者不能发挥个人见解，禁锢人的聪明才智。康有为早年即厌恶八股，后来将它作为限制民智的典型，因而康党早就想废除八股取士制度。但这并非要废除科举制度，

---

① 康有为：《波兰分灭记》，《康有为全集》第四集，第397页。

而是去除八股文的文体限制,同时考题不局限于"四书五经"。

在《明定国是诏》颁布前,康有为已呈送过《请照经济科例,推行生童岁试片》,要求按照经济科讲求经济的方式,改革生童岁考。在诏书颁布后,他发动第一波奏折攻势,让御史杨深秀上奏其代拟的《请斟酌列代旧制,正定四书文体折》,御史李盛铎上奏其代拟的《为正定四书文体,岁科童试,推行经济常科,以育人才而收实用折》,提出以四书文体来取代八股文作为科举考试的文体;被光绪召见后,得悉光绪也有意废除八股文,他又发动第二波攻势,代御史宋伯鲁拟写《经济特科请分别举办片》《请改八股为策论折》,代侍读学士徐致靖拟写《请废八股以育人才折》,自上的《请商定教案法律,厘正科举文体听天下乡邑增设文庙,并呈〈孔子改制考〉折》请求光绪帝直接下诏废除八股。在康有为等人奏折的轮番轰炸下,五月初五(6月23日),光绪经慈禧太后的批准,明发上谕,废除八股,"著自下科为始,乡、会试及生童岁科各试,向用四书文体者,一律改试策论"。①

但是,光绪的谕令是从下科开始改策论,而本年的生童岁考还未考,康有为觉得还未达到其目的。而此时八

---

① 转引自茅海建:《从甲午到戊戌:康有为〈我史〉鉴注》,第457页。

股取士制度废弃，对社会产生了很大的震荡，原来一直习八股的士人失去了仕进的机会，文悌等一班旧官僚也四处奔走，希望推翻所定国是及废八股的圣谕。于是，康有为又再推动一波攻势，请求当年童生试即废弃八股，并提出严惩阻止新政的官僚。他代御史杨深秀拟写《请御门誓众，更始庶政折》及《请惩阻挠新政片》，同时代宋伯鲁拟写《请将经济岁举归并正科，并各省岁科试即改试策论折》，提出将经济岁科与正科合并，生童岁科立即改试策论，以及拟写《请旨申禁复用八股试士片》，对奏请复用八股的官僚加以严惩。宋伯鲁前折上达后，光绪帝予以采纳，明发上谕将经济科与乡、会试相合为一科，同时本年生童岁考也改为策论。

此后，康有为再对科考的具体做法建言献策，代徐致靖拟写《请酌定各项考试策论文体折》，提出首场试时务策，二场用经史论（首试四书题；次试五经题，分五经为五科，供人择其一来答；三试史学题，将诸史学分为八科，供人择其一来答），此折留中。同时，自上《请将优拔贡朝考改试策论片》，得旨允行。

康有为一派的变科举、废八股，可以说取得完胜。但是，这场变革并不彻底，还保留了科举制度。当时就有人质疑，他以公开信的形式做了回复：要废八股，是因为它"恶其禁人用后世书、后世事，故率天下于空疏不学，不知古今中外"；保留科举制，是因为立即废除科举，"直

省童生数百万，诸生数十万，举人万数，中多长老，学堂必不能收。中亦多有聪明异才，视国家所驱之如何耳，岂可尽弃之？且安置此数百十万人，亦安有此政体乎？"①尽管这次改革有其局限，但毕竟废除了八股取士制度，有助于开民智，造就切于时用的人才。与此同时，学堂等也得以设立。

在此期间，康党一派让御史杨深秀、宋伯鲁上奏参劾尚书许应骙阻挠议复杨深秀的《请斟酌列代旧制，正定四书文体折》，尽管许应骙一一洗脱了罪名，而且在回奏中指摘"今康有为逞厥横议，广通声气，袭西报之陈说，轻中朝之典章，其建言既不可行，其居心尤不可问。若非罢斥驱逐回籍，将久居总署，必刺探机密，漏言生事；长住京邸，必勾结朋党，快意排挤，摇惑人心，混淆国事，关系非浅"，②但光绪以息事宁人的方式来处理，既没有处理许应骙，又没有追究康有为的责任，这向朝中大臣释放出一个信号：如果阻挠新政，有可能被罢斥。这使得康党一派声势更壮。尽管当时康广仁、张元济等看到既已废八股、设学堂，规劝康有为南下兴学。可是他还想借此声势，继续推动其政治体制的改革，毕竟变科举只是其中的

---

① 康有为：《答人论议院书》，《康有为全集》第四集，第327页。

② 许应骙：《许筠庵尚书明白回奏折》，苏舆编：《翼教丛编》，上海书店出版社，2002年，第28页。

一小步，并非实现变法的关键。

开制度局，无疑是康有为整套变法理论的核心，也是引起当时官僚系统剧烈抗拒的焦点所在。

如前所述，康有为在《上清帝第六书》鼓吹要建立制度局，作为变法的中央决策机构。总理衙门于二月十九日（3月11日）代递了此折，光绪当日即命总理衙门议复。但总理衙门一直拖延不复，是因为康有为的设计将"尽废内阁六部及督抚、藩臬司道"，[1]对当时官僚体系将产生巨大的冲击，而光绪似乎偏向于设立。而康有为更是希望大力推进设立制度局事宜。在四月二十八日（6月16日）受光绪召见时，自称和光绪谈及"先开制度局而变法律"的问题。[2]召见后，他又发动了奏折攻势，称曾替杨深秀、宋伯鲁、李盛铎、王鹏运、徐致靖拟写设立制度局的折子，[3]目前只看到四月二十九日（6月17日），宋伯鲁呈递他代拟的《变法先后有序乞速奋乾断以救艰危折》，提出："今欲改行新政，宜上法圣祖仁皇帝之意，下采汉、宋、日本之法，断自圣衷，特开立法院于内廷，选天下通才入院办事。皇上每日亲临，王大臣派为参议，相与商榷，一意维

---

[1] 康有为：《我史》，《康有为全集》第五集，第97—98页。
[2] 康有为：《我史》，《康有为全集》第五集，第93页。
[3] 康有为：《我史》，《康有为全集》第五集，第97页。

新。草定章程，酌定宪法。"①此处所称的"立法院"，无疑是制度局的"变种"，具有"酌定宪法"的功能。但是，由于以皇上为主导力量，此"宪法"的属性并不能代表全体民意。五月初一（6月19日），他上奏谢恩折，再次明确提出"皇上不欲变法自强则已，若欲变法而求下手之端，非开制度局不可也"，②将开制度局作为全变、大变、骤变的核心。

这波奏折攻势，让光绪不断催促总理衙门议复康有为的《上清帝第六书》。五月十四日（7月2日），总理衙门上奏《遵旨议复康有为条陈折》，全面驳斥他的《上清帝第六书》。除了设立十二局中的铁路、矿务机构之外，他的想法全部被驳回。对于"开制度局"及"待诏所"，总理衙门称："我朝列祖列宗御门听政，本即大誓群僚之意，但如康有为所陈各节，事关创制，应由特旨举行，非臣下所敢擅请。他如置大学士于内阁，设军机处于内廷，令以王大臣，出纳政令。国初设立登闻院，嗣归并通政司，又士民上书言事，俱准赴都察院呈递，酌核代奏。仰维成宪昭垂，法制大备，似不必另开制度局，设待诏所。

---

① 康有为：《变法先后有序乞速奋乾断以救艰危折》，《康有为全集》第四集，第86页。

② 康有为：《请御门誓众开制度局以统筹大局折》，《康有为全集》第四集，第88页。

迹涉纷更，更未必即有实际。"①光绪此时可能受他进呈著作的影响，变法意向明确，不满意此议复，五月十六日（7月4日）下旨"着该衙门另行妥议具奏"。总理衙门于五月二十五日（7月13日）回复，请特派王大臣会同议复，因无权"变易内政"。光绪当日朱批让军机大臣会同总理各国事务衙门王大臣等一起议复。②

康有为此时又再发动奏折攻势，让梁启超代仓场侍郎李端棻拟写《敬陈管见折》，于六月初六（7月24日）上奏，其中提出"开懋勤殿，议制度"，③即"请皇上选择人才在南书房、懋勤殿行走，此亲近贤人之盛意也"④。开"南书房、懋勤殿"，也是制度局的"变种"。他在三月初一（3月22日）代文悌拟写的《敬陈管见折》已提出："并请我皇上可否效法顺治、康熙年间成案，召见大小臣工，随时讨论实政，或在南书房、懋勤殿立一召对处，选儒臣备顾问，其群臣如蒙召见，亦均于此赐对。倘更能仿照国初时坐朝旧制，君臣上下，从容坐论政治，尤为详实

---

① 茅海建：《从甲午到戊戌：康有为〈我史〉鉴注》，第586页。

② 茅海建：《从甲午到戊戌：康有为〈我史〉鉴注》，第588页。

③ 康有为：《我史》，《康有为全集》第五集，第97页。

④ 孙家鼐的议复李端棻所奏说片。转引自茅海建：《从甲午到戊戌：康有为〈我史〉鉴注》，第582页。

切要。"①

六月十五日（8月2日），军机处会同总理衙门上奏《遵旨会议康有为条陈具奏折》，迂回地驳斥了康氏的《上清帝第六书》，其中对制度局的回复是："皇上延见廷臣，于部院卿贰中，如有灼知其才识，深信其忠诚者，宜予随时召对，参酌大政，其翰林院、詹事府、都察院值日之日，应轮派讲、读、编、检八人，中、赞二人，科、道四人，随同到班，听候随时召见，考以政治，借可觇其人之学识气度，以备任使。此制度局之变通办法也。"②这一变通，能与皇上参酌大政的是"部院卿贰"，即二、三品以上的官员。由于康有为当时的品级不高，这等于堵死了他希望作为顾问指导变法的可能性。此外，议复还对开"待诏所"提出了变通办法，就是允许士民通过都察院上书言事。光绪采纳此建议，放开言路。③

由此引发出连锁效应，致使光绪两次未经请示慈禧而乾纲独断：一是王照因上书被礼部所阻，光绪怒而罢黜礼部六堂官，引发官场大震动。（后文再述）二是上书

---

① 茅海建：《从甲午到戊戌：康有为〈我史〉鉴注》，第325—326页。

② 茅海建：《从甲午到戊戌：康有为〈我史〉鉴注》，第597页。

③ 参见茅海建：《从甲午到戊戌：康有为〈我史〉鉴注》，第598、604页。

数量大幅增加，导致光绪与军机处难以应付。于是，光绪在七月二十日（9月5日）在已经被保举、召见的人中选出杨锐、刘光第、林旭、谭嗣同等四人，任命为军机章京上行走，参与新政。四人虽然都支持变法，但政治立场有差别，刘光第、杨锐倡导稳健的改革，并非康党，杨锐与张之洞、徐桐关系密切。而四人的工作主要是代皇帝处理司员士民的上书条陈，并给出初步的处理意见，再送光绪审批，原有上奏权官员的奏折仍按原渠道处理。他们的权力不算太大，因而康有为说他们"实宰相"，并推论出"于是军机大臣同于内阁，实伴食而已"，并不属实。①康有为夸大四人的权力，似乎有意强化光绪变法的决心和力度。

这一议复使得康有为的开制度局及十二局成为泡影，因而转向谋求开设懋勤殿。懋勤意为"懋学勤政"，即努力向学，勤于政事。懋勤殿从明代开始，用于藏图史文书。每年秋天，皇帝在此处阅查死罪重犯档册，予以勾决。内阁大学士、学士及刑部堂官在此面承谕旨。开懋勤殿属于开制度局的"变种"，在权力上更弱，主要起政策咨询的作用。

除了李端棻的折子之外，康有为还采取其他方式发动开懋勤殿的攻势。他称曾安排宋伯鲁、谭嗣同分别在七

---

① 康有为：《我史》，《康有为全集》第五集，第99页。

月初八、二十日的召见时，请光绪开懋勤殿。他也代写奏折上奏，交徐致靖于七月二十日（9月5日）上呈《冗官既裁，请置散卿以广登进折》，交宋伯鲁于七月二十日上呈《选通才以备顾问折》。光绪原本也有改革之意，很可能在七月二十八日（9月13日）阅宋伯鲁的折子后，决定开懋勤殿，让谭嗣同查考雍正、乾隆、嘉庆三朝开懋勤殿的故事，拟成上谕，准备说服慈禧太后。此时，康有为获悉光绪要开懋勤殿，加紧举荐人才的工作。七月二十九日（9月14日），徐致靖上呈《遵保康有为等以备顾问折》，王照上呈《遵保康广仁等以备顾问折》，均为他代写。

就康有为的政治改革而言，从上清帝的第二三书的议郎，到第四书的"议院"，都坚持决策的多数决原则，但到第六书的开制度局及后续谋求的"开懋勤殿"，将决策裁断权交由皇上，民众决策的意义逐步失去，这些政治机构只具有"通下情"的咨询作用。其中，开制度局而非设议院或国会，是他主动的选择。在他看来，由于中国民智未开，而光绪又"聪明神武，深通外国之故"，力主变法，在这种情况下，"中国惟以君权治天下而已"，不能实行西方的议院制度。①正因为对光绪以君权治天下有过高期待，在开制度局之路被堵后，他还力促开懋勤殿，希望

---

① 康有为：《答人论议院书》，《康有为全集》第四集，第326页。

进入其中，影响皇上的决策。但是，他没有想到，正是开懋勤殿，又一次导致光绪和慈禧太后关系紧张。

此外，康有为本来还想着借光绪之力促成孔教的建制化，因而五月初一（6月19日）进呈《孔子改制考》抄本。此抄本从刊行本的二十一卷中抄录了九卷，去除了有关诸子的部分以及极具争议性的《孔子改制托古考》《孔子改制法尧舜文王考》等，并重写了序言。在进呈折上，他以处理教案为由，提出：由衍圣公设立孔教会，在各省府县设立分会；将天下淫祀改为孔庙，准许民众膜拜祭祀；在孔教会中选生员为各乡县孔子庙祀生，专门向民众宣讲孔子忠爱、仁恕之道。①但是，五月二十九日（7月17日），帝师孙家鼐参劾《孔子改制考》，指出第八卷《孔子制法称王》"杂引谶纬"的说法来证实孔子改制称王，将导致"人人存改制之心，人人谓素王可作"，因而要求"凡有关孔子改制称王字样，宜明降谕旨，亟令删除"。②由于康有为提前呈送了改编的《孔子改制考》，光绪并没有追究。此后，支持变法的陈宝箴也于五月二十七日（7月15日）上奏，称《孔子改制考》"据一端之异说，征引西

---

① 康有为：《请商定教案法律厘正科举文体听天下乡邑增设文庙谨写〈孔子改制考〉进呈御览以尊圣师而保大教折》，《康有为全集》第四集，第93—94页。

② 茅海建：《从甲午到戊戌：康有为〈我史〉鉴注》，第534页。

汉以前诸子百家，旁搜曲证，济之以才辩，以自成其一家之言，其失尚不过穿凿附会"，请求将《孔子改制考》自行毁板。孙家鼐在议复陈宝箴的奏折时，同意陈宝箴的做法，但有意指出康氏"学术不端，而才华尚富"。①由于光绪此时对康有为信任有加，并没有采纳孙、陈两人的建议。七月十三日（8月29日），他利用上奏的机会，回应对《孔子改制考》的参劾，提出守旧者往往以圣人之名来反对变法，《孔子改制考》正是要用最大的圣人孔子也倡导变法，使守旧者无所借口。②《孔子改制考》摇身一变成为变法之书。不知是否因为这两次参劾，使他知道其孔教理论不能为时人所认同，而为了推进变法，暂时搁置了推动孔教建制的问题，并没有使用奏折攻势。

---

① 茅海建：《从甲午到戊戌：康有为〈我史〉鉴注》，第627—628页。

② 康有为：《恭谢天恩并陈编纂群书以助变法请及时发愤速筹全局折》，《康有为全集》第四集，第385—386页。

第六节　戊戌政变

1898年七月二十九日（9月14日），光绪处理完公务，赶赴颐和园，向慈禧太后当面请示开懋勤殿，引发了帝、后间的一场大冲突。七月三十日（9月15日），光绪破例召见了新任军机章京杨锐，并颁下一道密诏。杨锐将密诏拿给康有为等看，以寻求解决的办法。这道密诏也是康有为后来所称的第一道密诏，其内容为：

近来朕仰窥皇太后圣意，不愿将法尽变，并不欲将此辈老谬昏庸之大臣罢黜，而用通达英勇之人，令其议政，以为恐失人心。虽经朕累次降旨整饬，而并且有随时几谏之事，但圣意坚定，终恐无济于事。即如十九日之朱谕，皇太后已以为过重，故不得不徐图之，此近来之实在为难之情形也。朕亦岂不知中国积弱不振至于阽危，皆由此辈所误，但必欲朕一旦痛

切降旨，将旧法尽变，而尽黜此辈昏庸之人，则朕之权力实有未足。果使如此，则朕位且不能保，何况其他？今朕问汝，可有何良策俾旧法可以全变，将老谬昏庸之大臣尽行罢黜，而登进通达英通之人，令其议政，使中国转危为安，化弱为强，而又不致有拂圣意。尔其与林旭、刘光第、谭嗣同及诸同志等妥速筹商，密缮封奏，由军机大臣代递，候朕熟思，再行办理。朕实不胜十分焦急翘盼之至。特谕。①

此诏书反映出帝、后之间的矛盾：光绪意图任用维新人才，实现尽变旧法，以使中国转危为安、化弱为强，但权力不足；慈禧太后则掌握大权，要维持大局稳定，不容许原有官僚体系受到太大的冲击。而诱发这场冲突的具体事情有两个：

第一是"用通达英勇之人，令其议政"。这应指请开懋勤殿之事。光绪要开懋勤殿，用意是安置康有为等一批支持变法的人作为顾问，推动变法。而慈禧太后觉得这"恐失人心"，而且"圣意坚定"。因而光绪未能说服她，"终恐无济于事"。

第二是"十九日之朱谕"，指光绪罢黜礼部六堂官

---

① 此为杨锐之子在宣统元年交回给清廷的光绪密诏，转引自茅海建：《从甲午到戊戌：康有为〈我史〉鉴注》，第735—736页。尽管康有为也曾公布密诏内容，但应是伪作。

的事。如前所述，军机处会同总理衙门于六月十五日（8月2日）议复康有为的《上清帝第六书》，否定了设"待诏所"的建议，作为变通，允许士民上书献言，而光绪当日即下达谕旨。七月初五（8月21日），王照请礼部堂官代奏其条陈，礼部从中阻挠。王照依据圣谕，再上奏请礼部堂官自陈抗旨之罪。礼部对王照的奏折提了明确的反对意见，一齐上奏。光绪于七月十六日（9月1日）收到这些奏折后，下达严旨，要求各堂官代奏士民条陈时不得拘牵忌讳，有所阻格，并要求吏部议处礼部六堂官。七月十九日（9月4日），吏部奏复，将礼部尚书怀塔布、许应骙，左侍郎堃岫、署左侍郎臣部右侍郎徐会沣、右侍郎宗室溥颋、署右侍郎左副都御史曾广汉，均照事应奏而不奏者私罪降三级调用例，议以降三级调用，以示小惩戒，因为这些官员过一段时间后可以加恩开复。但是，光绪此次为树立威信，以便推行变法，不满于吏部的奏复，未经请慈禧太后批准，下发朱谕，将六人即行革职。罢免礼部六堂官，是光绪乾纲独断的第一着，也是最为激烈的政治举动。被罢黜的怀塔布等肯定告知了慈禧太后。这引起了慈禧太后的不满，故而在光绪请开懋勤殿时，重提此事表达其不满。

在这场公开的冲突中，光绪显然无法与慈禧太后抗衡，而且"朕位且不能保"，"十分焦急翘盼"既能实现变法"而又不致有拂圣意"的方法，因而下发密诏给杨锐

及支持变法维新的人士。注意,密诏的主旨是寻找能让慈禧太后同意的变法方式,而非如康有为所说的"令与同志设法密救"。①当时慈禧太后可能训斥警告光绪,不至于有生命之虞。"密救"完全改变了光绪的旨意。

杨锐拿到密诏后,可能和林旭等商量计策,到八月初三(9月18日)才由林旭拿给康有为等看。

而在此前的八月初二(9月17日),光绪下发了一道奇怪的明诏。诏称:"工部主事康有为前命其督办官报局,此时闻尚未出京,实堪诧异!朕深念时艰,思得通达时务之人,与商治法,闻康有为素日讲求,是以召见一次。令其督办官报,诚以报馆为开民智之本,职任不为不重,现在筹有的款,著康有为迅速前往上海开办,毋得迁延观望。"②所谓督办官报,是指康有为等为排挤汪康年,提出将《时务报》收归官办,获光绪采纳。而汪康年则将《时务报》改为《昌言报》,予以抵制。于是,康有为与孙家鼐面商要在京师开报局,孙家鼐则顺势奏请光绪让康有为到上海督办官报和开官报局。对于光绪这道明诏,康有为等已看出其奇怪之处:首先,按照惯例,非大事不明降谕旨,而办报、督促其即行是小事,而他本人也是小官,没有明降谕旨的理由;其次,既然是"实堪诧异",应该革

---

① 康有为:《我史》,《康有为全集》第五集,第101页。

② 转引自茅海建:《从甲午到戊戌:康有为〈我史〉鉴注》,第738页。

职,但又赞扬他平时讲求时务,有所矛盾。皇上召见臣下根本无需说明,而诏书强调召见他一次。①他的感觉还是非常敏锐的,按茅海建的分析,光绪这道谕旨主要是发给慈禧太后看的,向她表白今后不会再与康有为保持联系。②不管怎样,这道诏书传达出不一般的信息。

  据康有为称,他们在变法开始后不久,即预感到会有大祸。大概在五月,康党就得到消息,慈禧太后将借九月举行的天津阅兵来废掉光绪。但这消息不可靠,慈禧太后掌握实权,只需要愿意,随时可废掉光绪,如稍后幽禁光绪,根本不需要借天津阅兵作为时机。为了应对此事,他们已有一些军事上的策动。他曾于本年六月让徐仁禄去试探在天津小站练兵的直隶按察使袁世凯,离间袁世凯与荣禄的关系,但为老谋深算的袁世凯所骗,致康氏误认为袁世凯倾向于康党。为此,他希望"抚袁以备不测",就让徐致靖于七月二十六日(9月11日)上奏,请光绪召见袁世凯并加官奖励,同时也通过谭嗣同向皇上递密折保袁世凯。七月二十九日(9月14日),袁世凯进京。八月初一(9月16日),光绪召见袁世凯并明发谕旨,"著开缺以侍

---

① 康有为:《我史》,《康有为全集》第五集,第101页。
② 茅海建:《从甲午到戊戌:康有为〈我史〉鉴注》,第739页。

郎候补",并给予其"随时具奏"的直接上奏权。①康有为感觉拉拢袁世凯有望,最迟于八月初一就密谋过要"围园弑后"。据毕永年《诡谋直纪》所记,康有为当天曾问他:"或以百人交汝率之,何如?至袁统兵围颐和园时,汝则率百人奉诏往执西后而废之可也。"②

八月初三(9月18日),林旭将光绪颁给杨锐的密诏拿给康有为等看,印证了他们将出大事的想法。这时,他与林旭、谭嗣同、梁启超、徐仁录、徐仁镜等商量解决问题办法,仓促发动"围园弑后"的密谋,请谭嗣同夜访袁世凯寓所法华寺做游说工作。此次密谋是应激性的反应,并非精心的安排,因为在袁世凯于七月二十九日(9月14日)到京后,康有为等维新派并没有和袁世凯接触。如果维新派早有此计划,至少会提前和袁世凯接触,而不至于需要谭嗣同带着利器去见袁世凯。

至于谭嗣同的活动,康有为《我史》记道:"乃属谭复生入袁世凯所寓,说袁勤王,率死士数百扶上登午门而杀荣禄、除旧党。袁曰:杀荣禄乃一狗耳。然吾营官皆旧人,枪弹火药皆在荣禄处,且小站去京二百余里,隔于铁路,虑不达事泄。若天津阅兵时,上驰入吾营,则可以上

---

① 茅海建:《从甲午到戊戌:康有为〈我史〉鉴注》,第732页。

② 庄建平主编:《近代史资料文库(第一卷)》,上海书店出版社,2009年,第297页。

命诛贼臣也。"①他只是记录了谭、袁两人商讨天津阅兵时如何保护光绪。梁启超的《戊戌政变记》与此相近,没有涉及"围园弑后"密谋。

但是,袁世凯的《戊戌纪略》则记载了康党"围园弑后"的密谋。谭嗣同见袁世凯后,拿出一份草稿,上面写道:"袁世凯初五请训,请面付朱谕一道,令其带本部兵赴津,见荣某,出朱谕宣读,立即正法。即以袁某代为直督,传谕僚属,张挂告示,布告荣某大逆罪状,即封禁电局铁路,迅速载袁某部兵入京,派一半围颐和园,一半守宫,大事可定。"袁世凯问:"围颐和园欲何为?"谭嗣同答道:"不除此老朽,国不能保,此事在我,公不必问。"袁世凯说:"皇太后听政三十余年,迭平大难,深得人心。我之部下,常以忠义为训戒,如令以作乱,必不可行。"谭嗣同说:"我雇有好汉数十人,并电湖南招集好将多人,不日可到,去此老朽,在我而已,无须用公。但要公以二事,诛荣某,围颐和园耳。如不许我,即死在公前,公之性命在我手,我之性命,亦在公手,今晚必须定议,我即诣宫请旨办理。"②在谭嗣同再三催促之下,袁世凯只同意九月天津阅兵时,如果皇上有谕旨,将遵办。这也表明,谭嗣同要在取得袁世凯的允诺后,再向光绪请

---

① 康有为:《我史》,《康有为全集》第五集,第102页。
② 骆宝善、刘路生主编:《袁世凯全集》第四卷,河南大学出版社,2012年,第292页。

旨，因而光绪很可能并不知道康党的密谋。

袁世凯、毕永年所记多相合，即袁世凯带兵围颐和园，而康党另率人进颐和园杀慈禧太后。与此相关，康有为记八月初三（9月18日）晚杨深秀、宋伯鲁等来访，"吾未与诸公谈密诏事，而以李提摩太交来'瓜分图'，令诸公多觅人上折，令请调袁军入京勤王"。①其中，"令诸公多觅人上折"，应与他代拟的杨深秀《时局艰危拼瓦合以救瓦裂折》及宋伯鲁《请速简重臣结连与国以安社稷而救危亡折》相关，主旨是召见李提摩太和伊藤博文，联合英、美、日；而"令请调袁军入京勤王"，则与当日替杨深秀代拟的《请探查窖藏金银处所，鸠工掘发以济练兵急需片》相关。该折称，传闻乾隆修圆明园时，曾经在淳化轩基下藏有黄金、纹银各一窖，请求派人到颐和园发掘。折片未提人数，但据光绪二十四年十月二日（1898年11月15日）《申报》称"八月初四日逆犯杨深秀上疏奏称，圆明园有金窖甚多，请准募三百人，于初八入内挖取"，有明确的人数。②此折的建议有点诡异。如结合"围园弑后"的密谋，则可以得到很好理解。当时康有为还未得到谭嗣同夜访袁世凯后的信息，在假设袁世凯出兵的基础上所作的配合，即以发掘金银窖为名，先安排弑杀慈禧太后的先

---

① 康有为：《我史》，《康有为全集》第五集，第102页。
② 孔祥吉编著：《康有为变法奏章辑考》，北京图书出版社，2008年，第402—403页。

头部队入园。袁世凯一旦围园，这批先头部队立即执行命令。

就理论而言，去掉慈禧太后是康有为推进变法的可能选择。康党认为，变法的最大阻碍源自于掌握实权的慈禧太后。一旦去掉慈禧太后，光绪就能掌握实权，就可以以君权行变法。当然，这要冒很大的风险。

八月初四（9月19日）凌晨，康有为抵达金顶庙容闳住所，与梁启超、谭嗣同会面，得知袁世凯此时不会举兵，决定离开京师。由于袁世凯答应了天津阅兵时保卫光绪，他应没料到袁世凯很快会告密。因而，八月初四上午，他仍按计划去见李提摩太和伊藤博文。他与李提摩太的谈话内容，在其1898年9月25日致李提摩太的信中说，主要是谈了"朝政概况"以及"你如何计划安全地窝藏我"。① 至于见伊藤博文，他的记载则是"不请救援，但请其说太后而已"。② 当晚，他出城回到了南海馆居室，不少人劝其微服出行，但其执意顺其自然，于八月初五天未明出京。

与此同时，慈禧太后那边也有一些新举动。八月初三（9月18日），杨崇伊到颐和园呈请训政，呈折参劾康有为，称"今春会试，公车骈齐，康有为偕其弟康广仁及梁启超来京讲学，将以煽动天下之士心……不知何缘，引入

---

① 康有为：《致李提摩太书》，《康有为全集》第五集，第7页。

② 康有为：《我史》，《康有为全集》第五集，第102页。

内廷,两月以来变更成法,斥逐老成,借口言路之开,以位置党羽",并提及伊藤博文,称"风闻东洋故相依藤博文,即日到京,将专政柄。臣虽得自传闻,然近来传闻之言,其应如响。伊藤果用,则祖宗所传天下,不啻拱手让人"。[①]慈禧太后本来就对变法不满,如果再任用洋人,后果不堪设想。而按照当时安排,光绪将于初五日在宫召见伊藤博文,故慈禧太后希望亲自监督光绪,以免他做出难以挽回的决定。慈禧太后初四日从颐和园回到西苑,准备初六日返还颐和园。初五当天中午,慈禧太后坐在帘子后监听光绪接见伊藤博文,两人没有任何实质性的交谈。但就在当天,慈禧太后将回颐和园的时间改为初十。

紧接着初六早上,慈禧太后即由后台走向前台,实行训政。具体是什么原因,现在还没有定论。有学者认为导火线是袁世凯向荣禄告密,慈禧太后当天的口谕搜捕目标应包括其他康党要员。[②]此论可能有问题。宋伯鲁当天上奏康氏代拟的《请速简重臣结连与国以安社稷而救危亡折》,慈禧太后只是明发上谕称其"滥保匪人,平素声名

---

① 转引自茅海建:《从甲午到戊戌:康有为〈我史〉鉴注》,第751页。

② 赵立人:《康有为》,第十章第五节"对袁世凯告密的分析",广东人民出版社,2012年。

恶劣，著即行革职，永不叙用"。①如果慈禧太后知道康党的"围园弑后"密谋，恐怕不会这样放过宋伯鲁。而慈禧太后训政后发布的第一道命令是："工部候补主事康有为，结党营私，莠言乱政，屡经被人参奏，著革职。并其弟康广仁，均著步军统领衙门拏交刑部，按律治罪。"②由此推断慈禧太后训政与康有为有关，但只捉拿康氏兄弟，似还未知康党的密谋。有学者推测是慈禧太后通过陈秉和参劾张荫桓的奏折知道康有为还在北京，因而要捉拿他；③也有学者认为康氏兄弟是杨崇伊参劾的对象，因而是杨崇伊所起的作用。④

八月初七（9月22日），袁世凯向荣禄告密，再由杨崇伊带回北京，慈禧太后得悉消息后，进一步加剧了政变的激烈程度。八月初九（9月24日），再下发上谕："张荫桓、徐致靖、杨深秀、杨锐、林旭、谭嗣同、刘光第，均著先行革职，交步军统领衙门拏解刑部治罪。"⑤八月十一

---

① 转引自茅海建：《从甲午到戊戌：康有为〈我史〉鉴注》，第775页。

② 中国史学会主编：《戊戌变法（二）》，上海人民出版社，1957年，第99页。

③ 茅海建：《从甲午到戊戌：康有为〈我史〉鉴注》，第779页。

④ 杨天石：《袁世凯〈戊戌纪略〉的真实性及其相关问题》，《近代史研究》1998年第5期。

⑤ 中国史学会主编：《戊戌变法（二）》，第100页。

日（9月26日），慈禧太后下发上谕，要派钦差大臣会同审讯被捕的人。其间，英、日两国公使出面施加压力，阻止清廷处死张荫桓。为防止类似事件出现，慈禧太后不顾此前发的审讯上谕，于十三日（9月28日）决定将康广仁、杨深秀、杨锐、林旭、谭嗣同、刘光第等六人处决。当天，康广仁等六人在菜市口就义，史称"戊戌六君子"。

稍后，慈禧太后对变法进行了全盘清算。在人事上，与康有为关系较好的张荫桓被发往新疆，变法的重要成员徐致靖永远监禁，徐仁铸革职、永不叙用，李端棻被革职充军新疆；陈宝箴、陈三立、黄遵宪、江标、熊希龄被免职；康有为、梁启超、王照等流亡海外。

而在社会政治上，光绪经慈禧太后批准，在变法期间发布了大量诏令，除旧制新：在行政机构上，裁撤闲散、重叠机构，撤销主管皇后、太子家事的詹事府，主管内外章奏的通政司等六个衙门，撤销湖北、广东、云南三省"督抚同城"的巡抚；提倡向皇帝上书言事，允许报纸指陈利弊。在经济上，保护、奖励农工商业和交通采矿业，中央设立农工商矿局与铁路矿务总局，各省设立商务局；提倡开办实业，奖励发明创造；注重发展农业，提倡用西式新法开办农场；广办邮政，修长铁路；在大城市开办商学、商报，设立商会等各类组织；改革财政，编制国家预算决算。在军事上，改用西洋军事训练，遣散老弱残兵，削减军饷开支，实行团练，裁减绿营，筹设军事大学堂，武科停设骑射，改试枪炮。在文化教育上，创设京师大学堂，各省书院改为高等学堂，在各地设立中、小学堂；提倡西学，废除八股、改试策论，开经济特科；设立译书局，翻译外国书籍，派人出国留学；奖励新著、创办报刊，准许自由组织学会。但政变后，慈禧太后打着收复人心、稳定大局的招牌，除了保留京师大学堂之外，一切都回归旧制。

一场轰轰烈烈的变法以慈禧太后训政、光绪被幽禁在瀛台而结束。这样的结局，当然与康有为等激进的策略有关，但更重要的是与慈禧太后对个人权力的过度欲求相连。变法的失败带来非常严重的恶果，使得慈禧太后既厌恶新政又厌恶洋人，以致后来企图借助义和团来惩戒西人。直到八国联军进京，慈禧太后被迫西狩西安才醒悟过来，于1901年启动"清末新政"。"清末新政"的改革内容比戊戌变法更广更深，如1905年的废除科举比康有为的变科举来得更彻底。可是，时机错过便不再，清廷的元气已大伤。

第五章 流亡海外的政治活动与理论建构

第一节　海外求救受阻与保皇会、"庚子勤王"

　　1898年八月初五（9月20日），康有为带着仆人李唐由马家堡乘火车，晚上到达天津塘沽，登上了招商局的新济轮，但船只要到初六下午才开。此时他似没想到袁世凯会告密，不想在船上待太久，就下船找客栈住下。初六日早上，他再搭乘太古公司的重庆轮，预定初九下午到达上海吴淞口。此时，清廷已发电报到北京、天津、烟台、上海等地，布网捉拿他。但他一无所知，船经过烟台时，还下船购买了梨和石子。上海道蔡钧收到朝廷电报后，表现过分积极认真，不仅用力搜查船只，而且还发信给英国驻上海总领事白利南，要求其搜查从天津开来的英国船只以捉拿康有为，并附送了一张康的照片。白利南则想救护他，让懂中文的濮兰德于九日清晨乘驳船，往吴淞口外几英里（一英里约为一千六百米，下同）远的水面拦截重庆轮。

濮兰德根据照片找到了他，告知其事态紧急，并将其接到驳船上，再转移到停在吴淞口外的英国琵理瑞轮。同时，白利南安排埃斯克号炮船在附近警戒，以防清兵突然上轮船搜捕。琵理瑞轮停留两天后，于十二日在英国巡洋舰巴那文契号的护卫下，前往香港。其间，英国上海领事班德瑞到船上与康氏交谈，康氏称奉有光绪密诏，要向英国求援。

此外，康有为家人原住在广州芳村花地，从北京的康门弟子发电报到广州，得悉消息后于八月初八（9月23日）晚逃往澳门；万木草堂弟子在日本人的安排下，逃往香港；他的其他亲属则星散。清廷后搜捕其家人，未能捉获，只查封了他的所有物业等。

八月十四（9月29日）晚，康有为到达香港，在香港中环警署住了七天。八月十五日（9月30日），他通过弟子等向日本友人表达借道日本赴英、美的想法，实即希望借逗留日本期间向日本求援，因为当时日本首相大隈重信支持中国变法。当天，到中国考察商务的英国贝思福勋爵（《我史》中称柏丽辉）与他见面交谈。据贝思福报告称，两人"言语颇繁，惟多关行政，无与通商"，其对他的印象是"颇似忠君爱国而忘私，诚不必以全无心肝疑之矣"，但提出他的变法"办理太急，不讲章法，以致毫厘千里，求益反损"，有微词。① 至于康有为说贝思福"慷慨许救我皇上"，② 报告中未提及，估计贝思福不会在政治上对他有所应允。八月二十一日（10月6日），他搬到香港买办何东家住了十三天。在移居何东家的当天，他接受了香港最大的英文报纸《德臣报》（China Mail）记者的采访，由何东做翻译。在采访中，他攻击慈禧太后"是一个没有受过教育的人，而且性情非常保守。对于给予皇帝以统治帝国的实权，她是不愿意的……她对于西洋文明之介绍，是一贯地反对的"。同时，他有意将帝、后关系描述得很僵，提及光绪两年前因长麟和汪鸣銮请其收回国家大权的奏议而认识到"太后并不是他真正的母亲"，慈禧太后在光绪对国事表示兴趣后，"便在计划要废黜他"。最后，他提及"皇上命我到外洋去为他设法救援"。③ 他后来不断宣扬其出外是"奉诏求援"。

康有为声称光绪给他的"衣带诏"有两道。第一道是前述光绪想开懋勤殿与慈禧太后发生冲突，让杨锐等商议既能推动变法又能协调帝、后关系的办法。而第二道的内容，他的笔下屡有变化。即便他同写于1898年10月的两

---

① 转引自茅海建：《从甲午到戊戌：康有为〈我史〉鉴注》，第840页。

② 康有为：《我史》，《康有为全集》第五集，第105页。

③ 康有为：《答〈中国邮报〉记者问》，《康有为全集》第五集，第19—26页。

篇文字，关于第二道诏书的记录差别也不小：《谢奉到衣带密诏折》称"是日，林旭又交到朱笔密谕，令臣迅速出外，令爱惜身体，以图将来共建大业"，①而《奉诏求救文》则称"八月初二日林旭带出朱笔密谕：朕今命汝督办官报，实有不得已之苦衷，非楮墨所能罄也。汝可迅速出外国求救，不可迟延。汝一片忠爱热肠，朕所深悉。其爱惜身体，善自调摄，将来更效驰驱，共建大业，朕有厚望焉"。②稍作对照，即可看到前文只说"出外"，可理解为离开北京到上海督办官报，而后文明确是"出外国求救"。此外，两诏的"共建大业"也不符合皇帝的身份。皇帝作为九五之尊，不可能主动提出和他人"共建大业"。不管光绪是否下过两道密诏，内容显为他所篡改。③无疑，篡改两道密诏主要是为他们后续的活动提供合法性依据。可是，这不仅违逆了光绪希望既变法又协调其与慈禧太后关系的本意，而且带有置光绪于死地的负面效应，特别是他为利用舆论力量而四处张扬。如果让慈禧太后知悉，岂能饶过光绪？这无疑是他的一大失误。

---

① 康有为：《谢奉到衣带密诏折》，《康有为全集》第五集，第16页。

② 康有为：《奉诏求救文》，《康有为全集》第五集，第37页。

③ 关于两道密诏的讨论，可参见汤志钧：《关于光绪"密诏"诸问题》，汤志钧：《乘桴新获：从戊戌到辛亥》，北京师范大学出版社，2018年。

九月初五（10月19日），征得日本政府的同意，康有为搭乘河内丸号赴日。九月十一日（10月25日），他抵达日本，与梁启超等会合，继续宣扬其奉衣带诏求救兵。可是，他到达后不久，恰逢日本政坛震荡，大隈重信内阁倒台，成立了以山县有朋为首的新内阁。新内阁主张与慈禧太后为首的清廷合作，对救助康、梁等没有太大兴趣。而此时，康有为在香港的采访报道，经上海、天津等报刊摘译为中文而传播开来。张之洞从天津《新闻报》看到摘译后，大为震怒。因而，张之洞迅速采取措施：一方面想方设法禁止报馆传播此采访；另一方面则与日本驻上海代理总领事交涉，以日方期盼的中日两国军事合作为条件，要求日本政府驱逐康有为等。为此，日本政府多次向康、梁等施压，后来提出送旅费和派遣翻译陪同康有为赴美，而梁启超则可留在日本。他由于在日本求救碰壁，也想到美、英求援。

而张之洞在行动的时候，清廷也获悉了采访报道。面对康有为的攻击，慈禧太后恨得咬牙切齿，不仅为后续废黜光绪埋下伏笔，而且于十月初三（11月6日）下达了一道交片谕旨，密令刘学询、庆宽赴日捕拿、暗杀康氏以及招降孙中山。但刘学询到达前，康氏已离开日本。此后，清廷又下发了一系列的暗杀密令。

1899年二月二十一日（4月1日），康有为乘坐和泉丸号离开日本赴加拿大。二十七日（4月8日），抵达加拿大的维多利亚港。三月初三（4月12日），约见加拿大总督。其后，在加拿大、美国周边漫游。四月十二日（5月21日），乘船到英国。他二十二日到伦敦后，试图向英国求援。如同日本一样，他向英国求助只是一厢情愿的做法，必然无功而返。这也表明自谓对西学颇有了解的康有为，根本不了解国际关系的本质，对公理、公法存有幻想。闰四月，由于求援受阻，他离开英国，五月回到加拿大，居于不列颠哥伦比亚的文岛①。

奉诏求援之路不通，康有为只能另辟蹊径。在戊戌前，他已屡次通过成立学会来凝聚分散的社会力量。此次，他以"衣带诏"为名，在加拿大维多利亚集议办会，获得支持。六月十三日（7月20日），保皇会正式成立，他撰写了《保救大清皇帝公司例》。在文中，以伪作的光绪密诏为依据，提出该会的宗旨是"专以救皇上，以变法救中国、救黄种为主"，即通过动员海外团体和华人，向慈禧太后施压，让她归政光绪，以便继续变法维新。同时，还说"此公司为保救大清皇帝公司，即保种公司，保国公司，亦为保工商公司之事，皆同一贯"，固保皇会也称保商会、中国维新会等。②"公司"源自于明末清初福建农村带有帮会性质的组织形式，并非现代意义上的商业组

---

① 文岛：旧译"文高华岛"简称，即今温哥华岛。
② 康有为：《保救大清皇帝公司序例》，《康有为全集》第五集，第152页。

织。①保皇会设总会和分会。总会总揽组织、联络、接待、收支大权，康有为为总会长，梁启超、徐勤为副总会长。创设时，总会所有两个：一是设于澳门的知新报报馆，这是真正起作用的会所；一是设于横滨的清议报报馆。分会听命于总会，活动要上报，会员的捐款要上交。在保皇会成立不久，赶上光绪三十圣寿，他精心策划了一场声势较大的"祝圣寿"活动。但当时保皇会人数不多，他只是率数百华侨，对着光绪的龙牌行三跪九叩的臣子大礼。然而，有了"衣带诏"作号召，再加上康门弟子等的不断努力开拓，保皇会的发展非常迅猛。据不完全统计，海外保皇会遍布北美洲、南美洲、亚洲、大洋洲和非洲，超过二百四十埠，鼎盛时会员发展至百余万人，以致有人说"有华人的地方，就有保皇会"。②保皇会的迅速发展，为他们的活动提供了组织和资金上的支持。如他花费了不少资金买死士，暗杀慈禧等顽固派。可是，这些所谓死士，大多只是江湖骗棍，派出去后就不见踪影。他为此虚掷了巨款，也徒费精神。其中似乎只有梁铁君确实到京城有所行动，谋划刺杀慈禧太后，但也未施行谋杀就于1906年8月8日被捕，后被杀。

---

① 赵立人：《康有为》，广东人民出版社，2012年，第238页。

② 张启祯、张启礽编：《康有为在海外·美洲辑：补南海康先生年谱（1898—1913）》，商务印书馆，2018年，第168页。

1899年九月，康有为母亲劳连枝在香港患病，他假道日本返港探视。他居港后，曾有清廷派来的刺客登楼暗杀，以及在邻近挖隧道准备烧其屋，但均未成功。恰在此时，新加坡华侨富商邱菽园汇赠巨款，并邀请他到新加坡居住。十二月十七日（1900年1月17日），为了避开清廷的暗杀，在梁铁君、汤觉顿等陪同下，他应邀到了新加坡。由于暗杀谣言满天飞，他东迁西移，先后住在邱菽园的客云庐、恒春园，再迁到林文庆宅，后又迁至章芳林寓所，并由英督派兵保护。而在1900年7月初，孙中山的日本友人宫琦寅藏因曾护送他到东京，自告奋勇要到新加坡找其商谈两党合作事宜。征得孙中山同意后，宫琦到达新加坡，拜会邱菽园并说明来意，获邱氏慨允安排与康有为见面。恰巧此时，他接连收到其弟子发自日本的两封电报，说有刺客从日本出发到新加坡行刺，而宫琦就是日本人。为确保安全，他不顾宫琦对己有恩，只派汤觉顿去见，并托邱菽园代为饯行。宫琦对此气愤不已，以激烈的措辞致信给他，以示绝交。他接信后，更加坚信宫琦对己不利，向新加坡政府报警，宫琦遂被逮捕。而从宫琦的行李箱中搜获了不少银票、现金及两把日本刀，更使其难以自脱。孙中山得悉消息后，为了搭救宫琦，从越南西贡赶往新加坡，通过好友的帮忙谒见当时新加坡总督，解释宫琦此行的目的。但总督认定孙中山有可能将新加坡变成在中国发动起义的基地，于是将孙中山连同宫琦等驱逐出境，五年内禁

止登陆新加坡。此事件后，孙中山对两党的合作彻底失望。而为了安全，康有为等于七月初一（7月26日）迁到离新加坡一日行程的丹将敦岛居住。那是一个平常人不容易到达的地方，被他称为"绝岛"。在七月十五日（8月9日），又迁往马来西亚的槟榔屿。

就在康有为到新加坡后不久，慈禧太后不顾亲信荣禄等的大力反对，于十二月二十四日（1900年1月24日）发布上谕"建储"：由于光绪身体有疾又无嗣，封载漪之子溥儁为皇子，继同治之统，并预定庚子年元旦光绪帝"内禅"于溥儁，改元"保庆"。此即"己亥建储"。消息传出，举国震动，引发各方强烈反对：朝中重臣如刘坤一、李鸿章等明确表示反对；上海电报局总办经元善率绅民一千二百余人领衔通电反对；康、梁等也纷纷声讨，大力发动海外华侨发电谏阻。此外，列强也反对慈禧太后的做法，拒绝入宫庆贺立储。在层层压力之下，慈禧太后不得不放弃"建储"后即时废黜光绪帝的计划。慈禧太后由此更痛恨、仇视列强，最后做出了冒险的决定，借助义和团来打压列强。

慈禧太后的"建储"，更加坚定了康有为要尽早运用武力迫使慈禧太后归政光绪的决心。早在1898年冬，谭嗣同的刎颈之交唐才常就到日本和康有为见面，并拜在其门下。唐才常支持变法，也颇想为谭嗣同复仇，与他商议在两广和长江流域同时起兵勤王的计划。稍后，康有为即有所部署，如：命梁启超离开日本，利用其影响力到美洲开埠设立保皇会，一方面为了筹集计划所需的款项，另一方面让其免受革命派的影响；1899年冬，让唐才常回国内长江一带组织勤王事宜。尽管慈禧太后"建储"废黜光绪的计划未能完全落实，但提醒他光绪的地位危在旦夕。如果光绪死去，康党的"奉诏求援"将不再具有号召力。故而他在"建储"后，加快了武力勤王的步伐，将它作为保皇会的头等事业来做。康、梁两人用力甚多，他驻新加坡主持部署，梁启超则负责筹款、联络等事，其他康门弟子各有分工，几乎是全员动员。

从康有为的书信来看，其勤王主要从两广发难，长江中下游响应，以掣肘中原地区，再北上勤王，规模不小。邱菽园是此次勤王的重要捐助人，康有为在事后致其信说："向者长江之事付之绂丞，广西之事付之羽异，广东之事付之井上。"① 绂丞，唐才常；羽异，陈翼亭；井上，横滨粤籍华侨梁炳光。即由唐才常负责长江流域；陈翼亭负责广西；梁炳光负责广东。但是，广东这边主要以收买侠士为主，结果是各式人等混杂，而且不少人漫天要价，导致保皇会财政渐难支撑。而广西那边，由于康有为于1897年曾协助唐景崧办团练，勤王的组织比较顺利。但

---

① 康有为：《致邱菽园书》，《康有为全集》第五集，第299页。

是，梁启超主张先取广东，有地缘优势。这样，康有为在先取粤还是取桂上，不断调整。6月中旬，由于八国联军水陆进攻，清廷急电两广总督李鸿章领军北上，取粤更为有利。但由于康有为并不在国内，因而在7月发出的指示并不明确："办事相隔数千里，不能遥断，视其便宜行之。此刻专注东省（以李去之故），若得手，则取其军械、财富，天下不足安。倘度不能得手，则切勿发也，必聚全力于西省，直趋湖南。以我之军械既足，广勇之精锐勇敢，两湖非我敌也。"①而在此时，唐才常经营的长江流域一带自立军已准备就绪，不得不发。

原来，唐才常在1899年底潜回上海后，和丁惠康、汪康年、林圭等组织正气会，负责联络长沙中下游会党，团聚志士。唐才常建立了富有山堂，采用传统秘密结社中的"建山堂""发票布"的办法，给入会的会员发"富有票"一张作为凭证，上书救国保民的政治宗旨。经过努力，唐才常领导的武装力量发展迅猛，至1900年夏，人数已达数万人。正气会趁义和团运动起事，于七月初一（7月26日）、初四（29日），分别在上海张园、愚园召开第一、二次国会，选举容闳为正会长，严复为副会长，拥护光绪帝当政，实行君主立宪，以酝酿民众基础。七月初八

---

① 康有为：《致办事诸子书》，《康有为全集》第五集，第233页。

（8月2日），唐才常等依从康有为的指示，不顾汪康年等的反对，将正气会改为自立会，以与他们于1899年在日本成立的自立会保持一致，以康有为为正会长，梁启超、唐才常为副会长。稍后，唐才常、林圭等赴汉口，在英租界设立机关部，联络沿江各省会党等组成自立军，人数有十万多人，唐才常自任诸军督办。唐才常曾电催康有为还港。康有为也通电各国，请救光绪，并相机决定到香港调度或随英国军舰到北京救光绪。起义原定于七月十五日（8月9日）在汉口发动，湘、鄂、皖各地兵马同时响应，但因康、梁允诺的汇款未到，只得延后。然而，秦力山等未能及时得到军报，如期在安徽大通发难，但很快被镇压下来。消息传来后，唐才常决定破釜沉舟，于七月二十九日（8月23日）在汉口起义。当时湖广总督张之洞征知消息，于七月二十七日（8月21日）破获汉口自立军机关，捕杀了唐才常等二十多人。

尽管唐才常在汉口失败，康有为仍在筹备两广勤王。可是孙中山却在惠州树旗起义。由于党祸频生，两广戒备更严，叶湘南等在东莞办的团练也被查出，康党的运械轮船无法开行，械具无法运送进去，而且保皇会的士气因唐才常的失败也受挫。面对国内外形势的恶化，康有为认为举事难以奏效，就以蓄养实力为名不动。此后，他撤销了澳门总局这一两广勤王的指挥部,表明要放弃勤王计划。[①]由于两广的勤王一直处于筹而未举的状态,这使不少人误以为他策划的"庚子勤王"仅限唐才常在长江流域一带的活动,而忽略了其计划的全局性。

　　康有为主持的勤王运动前后历时两年,波及多省,动员大量人力物力,结果却不战自溃。其中原因多样,除了内部互相猜疑推诿、未能及时提供饷械等之外,他也应负很大责任。如他身在新加坡通过书信指挥,未能及时获悉组织动态;缺少军事家的当机立断,举棋不定;过于倚重门人弟子,但他们似乎都不太具备军事才能;等等。

　　[①] 参见桑兵:《庚子保皇会的勤王谋略及其失败》,《历史研究》1993年第1期。

第二节　推进和完善孔教理论的建构

　　康有为对勤王运动用力甚多，尽管未亲临第一线，但通过不断发书信来指挥。因而勤王的失败，对其打击也非常大。而且，这失败也给他带来了一系列的负面效应：首先，人员伤亡惨重。据其女儿康同璧说：汉口勤王"自道员至诸生死者千数。而湖北、湖南、安徽、广西、广东五省株连而死者，尤不可胜算。先君闻耗大恸，此后不复再言兵事也"①。其中死者有不少是他的弟子。其次，由于清廷加强清查与戒备，他几乎一时间失去了在国内开展政治活动的基盘。再次，他勤王期间曾以举事为名筹集捐款，如1900年的《致各埠保皇会公函》就如此。②此次勤王耗

---

　　① 楼宇烈整理：《康南海自编年谱（外二种）·南海康先生年谱续编》，中华书局，1992年，第4页。

　　② 康有为：《致各埠保皇会公函》，《康有为全集》第五集，第225页。

费不少，据闻用了三十余万，但两广地区却筹而未举，难以向保皇会会众交待，尤其是向邱菽园交待，邱氏捐献了二十万。这使保皇会的声誉严重受损。

面对当时的局面，康有为只能在政治上有所收敛，转而潜心著述。1901年二月，完成《中庸注》；六月，完成了《春秋笔削大义微言考》。其间，他生了病，槟榔屿天气热，不适合养病。十月二十七日（12月7日）去印度，寻找雪山养病。十一月二日（12月12日）进入恒河口，辗转游观卡拉吉打、阿剌伯、经堡、昔根嘉顿、爹利等地。十一月二十九日（1902年1月8日），居住在印度大吉岭。1902年正月，撰成《礼运注》。①三月，撰成《论语注》。七月，撰成《大学注》。②冬至日，撰成《孟子微》。此外，《大同书》也基本上在此时期完成。梁启超曾手录康有为《〈大同书〉成题词》，并注道："二十年前，略授口说于门弟子。辛丑（1901）、壬寅（1902）间避居印

---

① 康有为自署撰写《礼运注》的时间是光绪十年，即1884年，但茅海建在《康有为手稿》中找到了康有为的亲笔题记："孔子生二千四百五十一年辛丑九月，即光绪廿七年，注于英属槟榔屿督署之大庇阁，未成而行，卒业于印度哲孟雄国之大吉岭，时孔子生二千四百五十二年壬寅正月廿四日。《礼运注》。康有为记。"这表明《礼运注》完成于1902年正月。参见茅海建：《再论康有为与进化论》，《中华文史论丛》总第126期，2017年2月，第22页注1。

② 现存康有为文献中，只有《大学注序》，不见正文。康氏是否完成了《大学注》，尚不清楚。此处姑依其序所言。

度，乃著为书。"①1903年正月，撰成《官制议》。

由上可见，1901—1902年可说是康有为撰著的井喷期，接连完成了几部重要的著作。需要说明的是，他的这些著述大多在戊戌前已撰有相关的稿件，流亡时散佚，并非完全从零开始。如《春秋笔削大义微言考》原来在万木草堂及桂林风洞中就已开始撰写，稿件本存清议报报馆，连同火灾一起焚毁；②《大同书》则是原来已有一定的基础，居印度时再补撰而成；《中庸注》序言称"戊戌遭没，稿多散佚"；③《论语注》序言说"昔尝为注，经戊戌之难而微矣"。④然而，当他撰成这些著作后，没有立即刊行，后来刊发时又有修改，如增添了不少游历见闻以及出现了某些政治主张的更改等。但是，这些著述的主体基本体现了此时期康有为的思想。

康有为这一时期完成的著作，基本上都与经学有关。

其中，《春秋笔削大义微言考》是一部以考据的形式来阐述《春秋》微言大义的书。为证明《春秋》寓有孔子微言大义的可信性，他依据《公羊传》《穀梁传》以及董仲舒、何休对《春秋》"书""不书"的说明，考

---

① 见梁启超：《南海先生诗集》，广智书局，1911年。
② 康有为：《春秋笔削大义微言考》，《康有为全集》第六集，第4页。
③ 康有为：《中庸注》，《康有为全集》第五集，第369页。
④ 康有为：《论语注》，《康有为全集》第六集，第378页。

据出已失传的鲁史。按照儒学的传统说法，鲁史正是孔子据以修《春秋》的底本。该书的体例是，先列出康有为认为的鲁史原文，即"不修之《春秋》"，次列出孔子对鲁史的笔削，再列出刊行的《春秋》经文，即"已修之《春秋》"。接着，再以类似注解的形式给出考证说明，同时对其中蕴有的孔子微言大义进行解释。他提出，《春秋》有三部：一部是"不修之《春秋》"，即鲁史原文；二是"大义之《春秋》"，即由经文看到的意义，这是《公羊传》《穀梁传》所传的内容；三是"代数之《春秋》"或"微言之《春秋》"，即《春秋》经文记号后面所蕴含的微言，这为董仲舒、何休阐发最多。[①]第三种所说的微言，包含孔子为教主，以及重要的据乱、升平、太平"三世"说等，这是《春秋》最值得推尊的内容。[②]

　　《礼运注》是康有为发展其"三世"说的重要著作。《礼运》是《礼记》中的一篇，他非常重视它。这是因为《春秋》虽然提供了"三世"说的框架，但未能提供对太平世的具体描述，而《礼运》是唯一对理想社会作出了描述的传统儒学文献，开篇即以孔子之名对大同、小康作了简要的描述，可以为太平世的社会建构提供文献依

---

　　① 康有为：《春秋笔削大义微言考》，《康有为全集》第六集，第13页。
　　② 康有为：《春秋笔削大义微言考》，《康有为全集》第六集，第6—7页。

据。《礼运》关于大同的描述现已广为国人所熟知："大道之行也，天下为公。选贤与能，讲信修睦，故人不独亲其亲，不独子其子，使老有所终，壮有所用，幼有所长，矜寡孤独废疾者，皆有所养。男有分，女有归。货恶其弃于地也，不必藏于己；力恶其不出于身也，不必为己。是故谋闭而不兴，盗窃乱贼而不作，故外户而不闭，是谓大同。"但是，按传统的解释，经文所说的大同只是存在于古代的典籍中（"有志"），已然过去（"隐"），体现的是传统历史退化观。而他则通过独具特色的解释，将它解释为孔子的志向，只是隐而未明，将大同置放于未来；同时导入其自得的"三世"说，从而形成了"大同三世"说：小康前的乱世，与据乱世搭配；小康对应于升平世，特点是礼治，实行君主制；大同对应于太平世，特点是仁治，而仁主要指向平等，实行民主制，因而大同的主要特点是最大限度地实现平等的社会。将两者搭配后，"大同三世"说不仅指出了人类社会将依次经过从据乱、升平到太平的历史发展规律，而且每一阶段都含有丰富的内容。而有了"大同三世"说，孔教就能笼罩人类社会的全部发展，直至人类社会政治制度的"历史终结"。也因此，孔教就可从传统儒学与君主制度的紧密联结中脱钩出来。

在民国取代清朝后，康有为刊行《礼运注》，其售卖广告就特别指出：

> 南海先生生当地球大通，冠岁而悟大同之理，求之孔子之道，得《礼运》之篇，乃大发明之。自有此注而孔子之道乃显，大教不坠。近人疑孔子为专制，辩护者亦可闭喙矣。更与《春秋》升平、太平之义互证，从此孔子新教布露四海，皆赖此书之发明。①

这是由于他的《礼运》新解，为传统儒学导入了民主共和制度，不会因君主制度的瓦解而受到严重冲击。此外，需要注意的是，自宋代以来，《礼运》由于其大同描述具有贬低三代礼治等思想而颇受传统儒学主流的质疑，被认为非孔门弟子著作，长期处于儒家经典系统的边缘。自他将《礼运》抽出单独作注，并逆转了原有的历史退化观，将大同置于未来，这深刻影响了后人对大同的理解：大同成为未来理想社会的代名词，一直延续至今。

康有为的《大同书》即以"大同三世"说为根据，具体建构人类的理想社会的著作。他认为，世界众生都有苦，而苦的根源在于有"九界"：

> 然一览生哀，总诸苦之根源，皆因九界而已。九界者何？

---

① 转引自汤志钧编：《康有为政论集》，中华书局，1981年，第194页。

一曰国界，分疆土、部落也；

二曰级界，分贵贱、清浊也；

三曰种界，分黄、白、棕、黑也；

四曰形界，分男女也；

五曰家界，私父子、夫妇、兄弟之亲也；

六曰业界，私农、工、商之产也；

七曰乱界，有不平、不通、不同、不公之法也；

八曰类界，有人与鸟兽虫鱼之别也；

九曰苦界，以苦生苦，传种无穷无尽，不可思议。

相应地，为使人类过上美好生活，就需要破除"九界"：

吾救苦之道，即在破除九界而已。

第一曰去界，合大地也；

第二曰去级界，平民族也；

第三曰去种界，同人类也；

第四曰去形界，保独立也；

第五曰去家界，为天民也；

第六曰去产界，公生业也；

第七曰去乱界，治太平也；

第八曰去类界，爱众生也；

第九日去苦界，至极乐也。[1]

破除的办法在于通过落实一揽子的社会制度设计来达到。如"去形界"，主要强调去除男女性别带来的社会不平等。其中对婚姻制度的设计是以"情志相合"作为基础，男女双方签约，但"久者不许过一年，短者必满一月，欢好者许其续约"。他对时间设定有独特的考虑：太短可能双方未能彼此了解，太长则面临假如双方情感不合时，会对双方带来过长的约束，增加痛苦。[2]这种设计，对当时传统社会"从一而终"的观念无疑是巨大的冲击，但与现代社会基本一致，都以双方情感作为基础，只是现代婚姻制度不设立明确的期限。

康有为的整套制度设计非常系统，限于篇幅，无法细说。总体而言，他的目标是全球建立一个公政府，由民众公选出公政府管理人员，其立场是世界主义，并非无政府主义。由于破除了家庭，将原本由家庭承担的功能交由社会来承担，设有人本院、育婴院、小学院、中学院、大学院、恤贫院、医疗院、养老院、考终院等配套制度。

整套制度设计的核心价值观念，主要是传统儒学的

---

[1] 康有为著，朱维铮编校：《康有为大同论二种》，中西书局，2012年，第89—90页。

[2] 康有为著，朱维铮编校：《康有为大同论二种》，第193—194页。

仁德。而据康有为的解释，仁的主要体现是平等。不少人认为他的平等观念源自于西方，这有待商榷。当时西方的平等只适用于人类，并没有扩至动物，而他则强调"去类界，爱众生"，即将有情众生都包含在其中，故而有戒杀生等的设计，这和佛教的"众生平等"相通。因而，他的平等观念更多源于中国传统，而非西方。

此外，康有为的未来理想社会建构，既不同于中国传统的乌托邦思想，又不同于西方。传统的乌托邦思想是往后看的、诗意的，如老子的寡国小民、鸡犬不相往来的诗化世界。而他的建构是往前看的、有恢宏的制度建构。西方的乌托邦思想通常都有宗教维系，而他的建构没有涉及宗教，是世俗化的。他以仁—平等为基础的建构，同时去除了宗教因素，无疑是中国式的，可与西方的乌托邦媲美。

至于康有为的大同社会是否属于儒学，这取决于评价者对儒学核心的认同。如强调孝等伦理道德为传统儒学的核心，他的"去家"则是反儒学的；如强调仁为传统儒学的核心，他的大同社会基于仁的理念而来，则可将它看作儒学式的建构。不管如何，他的理想社会与传统社会有着很大的差距，他也深知一旦刊行，将带来很大冲击，故而撰成后一直秘而不宣，只是在民国建立后，才发表了合国的部分，这是由于当时国际上出现了万国同盟，并且对中国社会冲击不大。

《大学注》《中庸注》《孟子微》《论语注》的撰写，则是要重新解释"四书"。

和汉、唐儒学较多关注社会政治不同，宋明理学更关注心性修养。宋明儒学表彰"四书"，就在于"四书"比"六经"更适合心性修养的需求。朱熹在《读〈论语〉〈孟子〉法》中引用程子的话说："学者当以《论语》《孟子》为本。《论语》《孟子》既治，则'六经'可不治而明矣。读书者当观圣人所以作经之意，与圣人所以用心，圣人之所以至于圣人，而吾之所以未至者，所以未得者。"①这实即将经学的重心放在把握圣人"作经之意"和"用心"。"四书"作为心性修养的读本，只要研读有成，"六经"就"不治而明"。同时，"四书"也与朱熹等建构起来的道统相配：《论语》代表孔子；《大学》代表曾子；《中庸》代表子思；《孟子》代表孟子。

对康有为而言，宋明儒学以心性修养为核心来把握孔子之道，是一种狭隘化儒学的做法。因为孔子之道无所不包，并不局限于心性修养一端。即便是"四书"，也包含着丰富的微言大义，不只限于心性修养。如《中庸注》就说："宋、明以来，言者虽多，则又皆向壁虚造，仅知存诚明善之一旨，而遂割弃孔子大统之地，僻陋偏安于一

---

① 朱熹：《四书章句集注》，中华书局，2001年，第44页。

隅。"①由于"四书"被官方钦定为科举教材，影响巨大，他希望通过新解来回复孔教的"大统之地"，走出宋明儒学的"割地"状态。因而，这些注解充分体现出其孔教与宋明理学的分歧。

首先，康有为将其自得的"大同三世"说导入"四书"，以便使孔教能够笼罩整个人类社会的发展。其中，《中庸注》主要阐发"三重之道"。借助于《中庸》"王天下有三重焉"一句，别出心裁地将句中的"重"释为"复"，从而将"三世"说发展为"三世三重"，即将"三世"中的每一世，不断地重叠起来，形成无量的世态：如据乱世内可分为据乱世的据乱世、升平世、太平世，据乱世的据乱世又可分为据乱世的据乱世的据乱世、升平世、太平世等。②通过将"三世"不断重叠，既保持了因时通变的不断变法思想，又摆脱了原来只有简单的三个世态带来的问题。在原来的划分中，无法解释世界各国文明及政制的不同，如：英、美基本处于同一世态，但英国采用君主立宪制，美国则采用民主共和制；中国处于升平世，再发展就是太平世，必然采用共和制，但他并不赞成当前及未来的一段时间采用共和制。将"三世"重叠后，其解释力无疑明显增强。《孟子微》主要阐发"太平大同

---

① 康有为：《中庸注》，《康有为全集》第五集，第369页。
② 康有为：《中庸注》，《康有为全集》第五集，第387页。

之微言""平等同民之公理",因打乱了原文次序,不用"注"而用"微"文体为名。①《论语注》也侧重于"发大同之渐"。②

其次,引入了大量的西方制度,如注解《论语·为政》"为政以德,譬如北辰,居其所而众星拱之"时,认为此章所讲是行太平大同之政,人人自由,所以可以无为而治。③

再次,通过命、神明、魂灵等的新解,突显孔教的宗教维度。如"《孝经纬》曰:'善恶,报也。'命有造之者。今之贫富,乃其受报。故人宜早积功德,以造将来之命,若日营琐琐之务,而荒累世之功,则非智者也。"④他认为命与人的累世行为相关,现世的积德可以改变将来的命。这和宋明儒学承接孟子的传统,将命看作是非人力可改变的偶然性明显不同。同时,他也伸张鬼神、魂灵:"佛氏专言鬼,耶氏专言神,孔子兼言鬼神,而盛称其德。惟程、朱以为天地之功用,张子以为二气之良能,由于阮瞻《无鬼论》来,于是鬼神道息,非孔子神道设教意也。"⑤"孔子此言魂灵死生之道要,一言而了,精深玄

---

① 康有为:《孟子微》,《康有为全集》第五集,第412页。
② 康有为:《论语注》,《康有为全集》第六集,第379页。
③ 康有为:《论语注》,《康有为全集》第六集,第387页。
④ 康有为:《论语注》,《康有为全集》第六集,第468页。
⑤ 康有为:《孟子微》,《康有为全集》第五集,第376页。

微。惜后儒不传,遂使闻道者少。或者以归佛氏,而谓孔子不言灵魂,则甚矣后儒之割地也。"①

最后,对于传统儒学的若干观念多有驳正。如:明确反对将曾子作为道统的一环,提出正是宋明儒学过于尊崇守约的曾子,使"中国之言孔学者,仅在守身,而孔子重仁之大道,一切皆割弃";②明确反对宋明理学不重视名声,认为"名盖孔子大义,重之如此,宋贤固笃于务实者,而惑于道家之攻名,至使天下以名为不肖,人乃不好名而好利,于是风俗大坏。此则背孔子之义矣"③。

康有为的这些经著,承接《新学伪经考》《孔子改制考》而来,属于孔教建构计划的第三步工作。也就是说,他在勤王政治活动受挫后,重新启动了其建构孔教的计划,以实现其普救天下万民的志向。此后,他再也没有撰写经著,这意味着他自认其孔教理论的体系化工作至此已基本完成。民国后,他就以戊戌前后撰写的经著作为理论基础,推动孔教运动。在这些经著中,他要处理的核心问题,主要是使传统儒学如何适应当下和未来社会的发展,亦即传统儒学与近代性的问题。

此外,由于慈禧太后为首的清廷因八国联军进京,被迫西狩西安,但"还銮"北京后仍然没有变法的诚意和决

---

① 康有为:《论语注》,《康有为全集》第六集,第404页。
② 康有为:《论语注》,《康有为全集》第六集,第437页。
③ 康有为:《论语注》,《康有为全集》第六集,第505页。

心。这使国人对清廷深感失望,海外主张革命、各省自立的言论不断升温,不少康门弟子受此影响。尽管康有为在戊戌前曾一度持有这些主张,但此时其想法大致为:

> 处万国窥伺耽逐之时,可合不可分,可和不可争,只有力思抗外,不可无端内讧,抱定此旨而后可发论。至造国民基址,在开民智、求民权,至此为宗,此外不可再生支离矣。①

因而,禁止梁启超宣传革命等主张。1902年四月,梁启超就此致其信申说道:不仅他一人如此,徐勤、欧榘甲、韩文举等同门都在大力宣传这些主张。②面对这一局面,他发表了《答南北美洲诸华商论中国只可行立宪不能行革命书》《与同学诸子梁启超等论印度亡国由于各省自立书》的公开信,明确反对革命、各省自立的主张。他认为人类社会需要按照乱世、升平世、太平的次序循序发展,不能越级,中国的民智未开,过早使用更高的统治形式会带来危险;如中国爆发革命等内乱,或者各省分立,会分散力量,而且必然会招致外国干涉而亡国,印度的历

---

① 康有为:《与任弟书》,《康有为全集》第七集,第189页。

② 丁文江、赵丰田编:《梁启超年谱长编》,上海人民出版社,2008年,第189页。

史就表明了这点；而光绪具有圣德，谋求皇上复辟是最好的救国之法。

另外，康有为攻击革命派的"反满"是无的放矢，因为满、汉早已平等。他的论调遭到了章太炎的猛烈抨击。章太炎于1903年上半年发表了著名的《驳康有为论革命书》，提出借助革命来开民智，特别是列举了清廷对汉人的压迫，认为光绪只是小丑，并不圣明。

由于不能革命或各省分立，康有为在《官制议》中提出用各省自治的办法来开民智、求民权。该书提出，尽管民众是国家的基础，开议院是实现民众利益的重要政事，但"今中国民智未开，不能骤立议院"，因而先从各省、乡、县的自治开始，等风气开通、民智提升之后，再开议院。①具体做法是"因乡邑之旧俗而采英、德、法、日之制"，以万人以上、地方十里为一局或邑，实行地方自治。每局立局长一人，负责全局事宜及管理学校；设判官一人，审理讼狱；警察官一人，巡捕捉贼；非常税官一人，负责收税和户籍；邮官一人，负责通信等。由此五官组成议事会，共同讨论具体事务的执行。在乡中设议例会，由公民公举议员组成，对乡的政制、税赋大事作出决策。②地方自治旨在实现民众的利益，并为将来召开全国性

---

① 康有为：《官制议》，《康有为全集》第七集，第265页。
② 康有为：《官制议》，《康有为全集》第七集，第276页。

的议院奠定基础。地方自治不同于地方自立,是在维护强有力的中央政府前提下加强政治民主。他认为,在各国林立的激烈竞争之下,需要强有力的中央政府才能提高行政效率,实现中国的富强。

第三节　周游列国寻找救国良方：
　　　　　"物质救国"与"虚君共和"

　　1903年四月，康有为离开印度，周游缅甸、爪哇、越南、泰国、柬埔寨等国，九月，到香港省视其母。1904年二月，又从香港出发，三月抵达槟榔屿。逗留一个月后，乘坐船只渡印度洋，入地中海，先后游历意大利、法国、瑞典、匈牙利、荷兰、德国、英国、丹麦、挪威、瑞士、比利时等国家。1904年九月，又从英国利物浦渡大西洋，重返加拿大。1905年正月起至1909年，他再次从加拿大出发到美洲其他地方周游，于1910年冬返回槟榔屿。此后直至1913年冬回国前，主要居留于马来西亚的槟榔屿、新加坡及日本，没有再四出周游。

　　对于这段长达十六年的海外流亡生活，康有为曾作过简要概括，并请著名篆刻家吴昌硕刻成一枚长文印章："维新百日，出亡十六年，三周大地，游遍四洲，经

三十一国，行六十万里。"无疑，周游世界各国是其流亡生活的主要内容。

康有为的出游，是为了考察各国的实际情况，以寻求救国救民的良方："天……其将令其揽万国之华实，考其性质色味，别其良楛，察其宜否，制以为方，采以为药，使中国服食之而不误于医耶？则必择一耐苦不死之神农，使之遍尝百草，而后神方大药可成，而沉疴乃可起耶？则是天纵之远游者，乃天责之大任，则又既惶既恐，以忧以惧，虑其弱而不胜也。"[①]他认为，需要考察世界各国的情况，才能寻找出救国救民之方，故自比于遍尝百草的神农，为中国找到清除"沉疴"而振起的"神方大药"。这不只是他为了使用保皇会会费而给出的门面语，而是本人也有这种思想需要。

康有为在戊戌前虽然自许为"通人"，对西方已有一定的了解，但由于不懂外语，其了解主要借助于阅读中译西书，再上加个人的"妙悟"。然而，康党们也不得不承认，当时对西方各国社会政治作深入介绍的中译西书很少，故而他们一直倡议急需建立译书机构来翻译这类书籍。就此而言，康有为也深知其对西方的了解很难够得上深入而准确。此外，他尽管在经学上主观武断，但颇受科

---

① 康有为：《〈欧洲一国游记〉序》，《康有为全集》第七集，第344—345页。

学的实证精神影响，如其《康子内外篇》"万身公法"就强调实证的意义，因而也需要对世界的情况作实地考察。他抱着寻求救国救民之方的用心，每到一国，都会联系中国实际进行观察与思考，并将它以游记的形式记录下来。

康有为流亡后周游列国的范围非常大，即使放到今天也少有，更遑论清末：不仅地理空间跨度大，横跨四大洲，而且更重要的是文明差别大。在三十一国中，既有英国、德国、美国等当时发达的资本主义国家以及被作为改革模板的日本，又有曾经有过辉煌文明而逐渐走向衰败的殖民地国家印度等。这样大范围的考察，无疑会对考察者带来强有力的思想冲击。

康有为正是这样，深有感触地写道："未游欧洲者，想其地若皆琼楼玉宇，视其人若皆神仙才贤，岂知其垢秽不治、诈盗遍野若此哉！故谓百闻不如一见也。吾昔尝游欧美至英伦，已觉所见远不若平时读书时之梦想神游，为之失望。"[①]"昔尝游欧美至英伦"，指戊戌后"奉诏求救"，但那是匆匆一瞥。此时的周游，可以作更细致的实地感受和观察。康氏发现如欧洲那样发达的国家，也没有书本描述或想象中那样好，不免颇为失望。这种失望使其走出了对西方的盲目崇拜，并从世界文明视野中重新省视

---

① 康有为：《意大利游记》，《康有为全集》第七集，第351页。

中西文明。特别是在游历西方文明的源头之一罗马时,他写道:

> 今欧人之文明,皆本于罗马,大学皆学罗马之语言文字,不忘其祖,宜盛称之。若以我之文明较之,则渺乎在下矣。而我国人耳食而未尝亲游者,徒惊今日欧美之盛美,而误信其所出之罗马,乃亦同而尊仰之,则大谬矣!甚矣!吾国人今日之不自立,乃忘己而媚外也。故国人不可不读中国书,不可不游外国地。以互证而两校之,当不至为人所恐吓,而自退处于野蛮也。①

在康有为眼中,罗马文明与中国相比,"渺乎在下"。这使他坚定了对中国传统文化的自信心,并提醒国人不能"忘己而媚外",既要读中国书,又要游外国地,做到相互对比与互证。

与此同时,康有为敏锐地把握到每一国家的自立都需以个体的自立作为前提,而个体的自立则来源于传统文化的塑造:

---

① 康有为:《意大利游记》,《康有为全集》第七集,第370页。

> 各国于其本国言语、文字、历史、风俗、教宗，皆最宝爱之，敬重之，保存之，而后人性能自立，一国乃自立。①

这表明国家的自立需要根植于传统文明之上。对中国而言，孔子之道无疑是传统文明的主干，因而中国要自立，就离不开孔子之道。为此，他激烈反对当时批孔的人："孔子于今日，犹为大医王，无有能易之者。而病者乃欲先绝医，殆死矣！夫故妄人者，自以为能知新，实则尚未能审时也。而谬发非圣之论，以毒后生、害风俗，此其罪不在洪水猛兽下。"②这为其在民国后推动孔教运动提供了思想助力。

顺便说一下，康有为发现各国的自立与传统文化关系极大，对传统文物都有较好的保护，最直接的后果就是使他意识到保护文物的重要性，颇叹息中国在此方面的缺失：

> 古物存，可令国增文明。古物存，可知民敬贤英。古物存，能令民心感兴。吁嗟！印、埃、雅、罗

---

① 康有为：《意大利游记》，《康有为全集》第七集，第374页。

② 康有为：《意大利游记》，《康有为全集》第七集，第374页。

之能存古物兮，中国乃扫荡而尽平。甚哉！吾民负文化之名……回顾华土无可摩，文明证据空山河。我心怦怦手自搓，惟有长城奈若何！①

后来，他于1913年在自办的《不忍》杂志发表《保存中国古迹名器说》，在列举各国对文物的保护后，较系统地阐述了保护文物的意义："盖凡物之理多矣，有以有用为用，亦有以无用为用者。夫保存英雄贤哲之宫室器物，则必于英雄贤哲之行事讲求之，其雄伟超迈之概，其特达英多之象，如戏剧然，感现于人目，而往来于人心。"②他提出要珍视各朝的遗物，"此皆吾国之瑰贵，数千年之精华，可以兴起后人之志，可以观感后人之美，可以著耀中国之文明，而发扬光美之，所以异于野蛮者此也。可以招外人之游屐，而徘徊感动之，所以为理财之计者在此也。"③同时倡议在京师、省府县镇都要设立博物院、图书馆、"保全古迹古器会"。④他无疑是近代较早公开倡议保

---

① 康有为：《保存中国名迹古器说》，《康有为全集》第七集，第386页。
② 康有为：《保存中国名迹古器说》，《康有为全集》第十集，第97页。
③ 康有为：《保存中国名迹古器说》，《康有为全集》第十集，第100页。
④ 康有为：《保存中国名迹古器说》，《康有为全集》第十集，第101页。

护文物的人之一。

康有为认为中国传统文明不比西方差，那么如何解释中国当时的积弱？在戊戌及此前，他将它归结于中国的专制制度，因而将变法重点放在变政上，而将兵制、学校等具体事项的变革称为"变事"。游历各国后，他的想法发生了变化。他以各国为例，否定了自由民权是普适的强国良方："夫百年来，法以自由显，而治教之不振如此；德以专制著，而治效之盛如彼。何哉？盖用药者之不可以一也，必有君臣佐使制炼而复用之。民权自由亦非最美之药，有君主专制之祸毒，用之既得矣。然过用之，则奥国三十余党之争，遂致百政不举；而中南美诸国岁以争立民主致乱，刘民过半。而墨西哥总统爹亚以一党立国，专制二十余年，遂能奠墨百年之乱争。"不同国家有不同的国情，对症的才是良药。而对于当时的中国，他"遂觉德为新式，颇适今世政治之宜"。①对于专制集权能产生高效的治理，这是其流亡前借君权行改革的思想基础，周游列国只是更加强化了其想法。

同时，康有为认为："中国人种、历史、政体、风俗，皆宜于一统。不知者误采欧土之义，则不知时地迥殊，徒自割裂，以弱其势。亦犹昔者误言革命自立，而师

---

① 康有为：《德国游记》，《康有为全集》第七集，第444页。

法美、法，同皆误于欧人之迹，而不审时地也。"①原本的集权专制也有助于维系"一统"，反而革命自立可能会瓦解"一统"。为此，他认为当时中国最急需的不是变政，而是要重视"物质"："盖欧美今日之盛，不在道德而在工艺。若吾国空谈名理，妙解文学，多在形而上者，而不屑形而下者，国弱民贫皆在于此。"②"方今国争，吾中国所逊人者，最在物质。儒生高蹈空谈，皆拱手雅步而耻工作，乃以匠事付之粗人。岂知今日物质竞争，虽至浅之薄物末技，皆经化、光、电、重、图、算而来，非不学之人所能预，而乃一切薄之不为，故全国皆无制作之精品，何况有创出之新奇哉！夫自华弒既出，世界大变，今世之汽舟、电线所以通大海、合大陆而为新世者，非有他也，物质工艺为之。我人无一能是用，全国致败。"③

为此，康有为于1904年周游欧洲十一国后，暂缓了游历步伐，撰写出《物质救国论》。该书提出"故遍观各国，有物质学者盛强，无物质学者衰微"，④将发展"物

---

① 康有为：《丹墨游记》，《康有为全集》第七集，第471页。
② 康有为：《德国游记》，《康有为全集》第七集，第419页。
③ 康有为：《瑞典游记》，《康有为全集》第七集，第482页。
④ 康有为：《物质救国论》，《康有为全集》第八集，第65页。

质"之学作为中国的救急良方："以一国强弱论焉，以中国之地位，为救急之方药，则中国之病弱非有他也，在不知讲物质之学而已。""中国数千年之文明实冠大地，然偏重于道德哲学，而于物质最缺然。"①这并非要否定设议院等政治救国举措的意义，而是着眼于当时的紧急程度："盖议院虽要，而可一朝而大开；官制虽紊，而可数月而定；外交、民法、海港之法律虽未备，而亦可期年而粗举；译书虽重，而可一二年而佳书略具；理财虽难，而理之得法，亦可一二年而国用粗支。惟工艺、汽电、炮舰及兵诸事，非有六七年不能成，最速者，亦大量三四年不能举一业而推行之……盖凡百政制，皆可吾欲之则为之，惟物质之工业，则非欲之而即得、旋至而立效者也。"②在他眼中，议院、官制等，只需努力推进，就可以很快取得成效，而现代工业的确立不可能在短时间内完成，因而相对来说更为急切。

1908年，康有为又撰写《金主币救国议》，提出按照世界各国的惯例，以金作为主币，取代传统的银本位，并倡议使用纸币；1912年撰写《理财救国论》，提出成立银行、发行纸币、采用金本位等。两书的关注点并非政制，

---

① 康有为：《物质救国论》，《康有为全集》第八集，第63页。
② 康有为：《物质救国论》，《康有为全集》第八集，第82页。

而是戊戌时其所称的"变事",可看作是对"物质救国"论的补充和完善。

显然,康有为周游各国后,一改戊戌及此前政治变革优先的立场,转而将"物质"作为第一要务。他高调倡导"物质救国"的意义,甚而否定了其主导的以变政为核心的戊戌变法为误行,①将革命、民主之说看作是"毒溺中国之药者也,其万不可从"。②毋庸讳言,这有其应对当时汹涌的革命思潮而希望转移舆论关注点的用意,但似非全为此而作出的策略。他看到了科技发展对社会的促进作用,希望依托振兴中国的"物质"之学,实现中华民族的富强。康氏的这一想法,乍眼看去,接近于洋务运动时期洋务派的"中体西用"主张。但若加以细究,仍能看出其中的不同。

洋务运动的"中体西用",如以张之洞的《劝学篇》为代表,明确三纲五常是"圣人之所以为圣人,中国所以为中国"的所在,"故知君臣之纲,则民权之说不可行也;知父子之纲,则父子同罪免丧废祀之说不可行也;知夫妇之纲,则男女平权之说不可行也"。"夫不可变者,伦纪也,非法制也;圣道也,非器械也;心术也,非工艺

---

① 《物质救国论》的一节标题为"论中国近数十年来变法者皆误行"。

② 康有为:《物质救国论》,《康有为全集》第八集,第71页。

也。"①在张之洞等的眼中,"中体"指三纲五常,这是不能变的,君主专制也属于不能变的内容。而康有为仍持有变政的观念,只是从先后缓急上将它置于"物质"之下。为此,他空前地看重"物质"之学,也不再以原来的"西学中源"观念作比附,直接坦承中国缺乏此学。

确认"物质"之学的重要性,当然有其意义,中国传统文化确实对此重视不够。但问题是,社会是一个大系统,"物质"之学只是其中较为表层的子系统之一。如果没有深层的社会政治、文化等的支撑,它也很难发展起来,而当时中国最需要的是改变深层的社会政治制度。社会政治制度的变化,并非如康有为所设想的那么容易,否则戊戌变法早就成功了。对此,黄遵宪在1905年1月致信梁启超时,非常中肯地批评他的"物质救国"想法:"近得南海落机山中所发书……惟此函所云,中国能精物质之学即霸于大地,以之箴空谭则可,以此为定论则未敢附和也。渠谓民主革命之说,在今日为刍狗,在欧洲则然,今之中国原不必遽争民权,苟使吾民无政治思想,无国家思想,无公德,无团体,皮之不存,毛将焉傅。物质之学虽精,亦奚以为哉。"②梁启超等无疑也不赞同,故而康有为将《物质救国论》书稿交由广智书局排印,他们有意拖

---

① 张之洞:《劝学篇》,广西师范大学出版社,2008年,第24—25、91页。
② 丁文江、赵丰田编:《梁启超年谱长编》,第228—229页。

延。后在他屡次致信催促之下，才于1908年排印刊行。

康有为在周游列国期间，慈禧太后经历了八国联军进京而西狩，在张之洞、荣禄劝说下，同意实行新政。1905年，张之洞等以君主立宪是救国强国的特效药，游说慈禧太后实行立宪。1906年，清廷发布诏令，预备立宪。康有为听闻后，于1907年将保皇会改为国民宪政会。1908年，对他有知遇之恩的光绪帝先慈禧太后一天而去世，康有为悲痛万分。

1911年九月，武昌起义爆发，引发全国各地的革命热潮，各地纷纷举事。康有为当时虽仍流亡在外，但密切关注国内情况。当得到消息后，他深忧中国在列强环伺之下，革命将招致被瓜分，因而"惴惴恐慄，惧中国之亡也，横览万国，坚穷千古，考事变，计得失，怵祸患，作《救亡论》以告邦人"。《救亡论》认为革命成功后会面临外认难、拒外难、割据难、立主难、内讧难等五难，独辟蹊径地提出"虚君共和"。稿件寄到上海，由于革命思潮狂涌，"人皆畏避，无敢刊者"。①很快，清廷为挽救革命造成的时局动荡，于九月十三日（11月3日）仓促公布了《宪法重大信条十九条》，形式上缩小了皇帝的权力，相对扩大了议会和总理的权力。他得悉消息后，再撰《共和

---

① 康有为：《救亡论》，《康有为全集》第九集，第222—225页。

政体论》，再提"虚君共和"主张，反对中国采用民主共和政体。

"虚君共和"是康有为周游列国后的发明。一般而言，立宪和共和的差别在于有无君主，"虚君共和"是一个具有内在矛盾的概念。对此，他依据其对各国的考察，回应道："各国立宪君主，皆有命相之权，有特命上议院议员之权，有国会提议改正否决解散之权，更有统陆海军之权，而国会不能限制之，若德国更无论也。"① 而其所倡导的"虚君"，可"比于冷庙之土偶而已；名之曰皇帝，不过尊土木偶为神而已。为神而不为人，故与人世无预，故不负责任不为恶也"。② 亦即在其构想中，君主不过问任何政事，只是维系国家统一的偶像，和君主立宪的君主仍拥有一定的权力不同。如此，"虽有君主，不过虚位虚名而已，实则共和矣，可名曰虚君共和国"。③

可是，为什么中国不应实行共和政体，而需要设立"虚君"这一"土木偶"？康有为认为："若中国而行共和政体乎，则两党争总统之时，每次各率一万万男子而相战，不知经何年而后定也，不知死几千万人也。墨国之争总统，乱三百年，至爹士专制仅安二十余年，而今复大

---

① 康有为：《共和政体论》，《康有为全集》第九集，第247页。
② 康有为：《救亡论》，《康有为全集》第九集，第238页。
③ 康有为：《救亡论》，《康有为全集》第九集，第238页。

乱。中国处列强窥伺之际,其能待三百日乎?……当新立民主之际,内争已不可思议,观法国大革命百九十日之争而可推见也。"①而"虚君"则能"以无用为大用",让国人不争君主之位,"驱其国人,只以心力财力运动政党,只以笔墨口舌争总理大臣,而一国可长治久安矣,无复岁易总统以兵争乱之患,不陷于无政府之祸"。②也就是说,"虚君"的最主要作用是有效地降低内争,避免争夺总统之位时产生大乱。

与此同时,康有为从争取"国家公有"的角度重新解释了革命的目的:"今大地百年来为新世界矣。拨数千年旧政旧义而更新之,扫除霾雾,别启青天,始于欧美,被于万国,其为第一大义,如日月之经天,若山海之络地者,曰国为公有而已矣。""为国民者,但力争国为公有,而合一国君民共任之。如国不能为公有,则或流血而争之;若国既为公有,则为君主民主,皆听其时宜不深计焉。故百年来欧人号称革命者,实非专革命也,专求国为公有云尔,立宪者,国为公有之名词云尔。"③如按此视角理解革命,"虚君共和"与"国为公有"的革命目标

---

① 康有为:《救亡论》,《康有为全集》第九集,第234页。
② 康有为:《共和政体论》,《康有为全集》第九集,第246页。
③ 康有为:《救亡论》,《康有为全集》第九集,第228、229页。

一致。

那么，由谁来充当"虚君"？在刚提出"虚君共和"主张时，康有为认为最合适的是孔子后裔衍圣公，主要是基于历史文化的考虑。①武昌起义爆发后，他致信黎元洪、黄兴、汤化龙等，建议拥立衍圣公，实行"虚君共和"。②不久，他发现推衍圣公为虚君"合于汉族之人心，惟虑非所以合蒙、回、藏诸族之心也，则彼拥旧朝而立国"，因而转向以清帝为虚君，以便保全满、蒙、回、藏。③这一考虑主要着眼于中国在政治上的统一。

1911年十二月二十五日（1912年2月12日），宣统颁布退位诏书，清朝正式灭亡。康有为在接受此事实下，又以"虚君共和"为主导思想，拟写了《国会选举案》《拟新中国政府议章》《中华民国国会元老院选举法案》等，意图为未来中国设计一套新的制度。然而，他这些想法只是一厢情愿想以备采择，当时连刊发都不可能，只能在1913年自办的《不忍》杂志刊发。

无论如何，康有为提出"虚君共和"，并非出于对清廷的感恩，主要出于理性的思考。至少，他初倡"虚君

---

① 康有为：《救亡论》，《康有为全集》第九集，第237页。
② 康有为：《与黎元洪、黄兴、汤化龙书》，《康有为全集》第九集，第203、211页。
③ 康有为：《共和政体论》，《康有为全集》第九集，第249页。

共和"时，所考虑的"虚君"是衍圣公，并非宣统；稍后选择宣统为虚君，是出于中国作为多民族国家的统一需要。就其"三世"进化史观来看，他已预知君主制度必然会瓦解，而对其有知遇之恩的光绪已然去世，并非宣统。在1912年清廷被推翻后，他对它并没有留恋："若纪年改用孔子或黄帝，则清朝祚命从此全亡，即编清史迄于今年可也。国号改为中华或中国，凡满、蒙、回、藏皆编入民籍，自今后皆为新中国民。"[1]同时，他声称其"虚君共和"是借鉴了欧、印、墨、美等国的历史现状，再结合中国当时实际而提出。[2]他的主要动机应是出于救中国。对此，他曾剖白心迹道：

仆之素志，以为能保全中国者，无论何人何义，皆当倾身从之；苟不能保全中国者，无论何人何义，必不可从也。[3]

康有为提出"虚君共和"，主要目的是防止内争，后

---

[1] 康有为：《拟新中国政府议章》，《康有为全集》第九集，第416页。

[2] 康有为：《共和政体论》，《康有为全集》第九集，第249页。

[3] 康有为：《共和政体论》，《康有为全集》第九集，第249页。

来确实也被其不幸言中，出现了较长时期的军阀争斗的混乱局面。可是，就当时而言，民主共和是民心所向，大势所趋。很快，民国肇建，完成了民主共和制对君主制度的鼎革。南京临时政府很快颁布了一系列新举措。但民国的成立，并没有马上带来预想的稳定局面。面对这种局面，他作出了系列的应对举动。由于这些举动，主要在返国后进行，留待下章再述。

第六章
晚年返国：孔教运动、张勋复辟与『天游』之学

第一节　推动孔教运动与参与张勋复辟

1913年九月，康有为母亲劳连枝在香港去世。十月，他从日本到香港奔丧。十一月，回南海银塘乡葬其母及其弟康广仁。1914年六月，返回上海，并作居留，此后再未离开内地。

康有为返国后，主要参与的社会政治事件有两个：一是推动孔教运动；二是参与张勋复辟。康氏参与这些事件的思想大致可追溯到早、中期，并受到海外游历的影响，但主要与其面对辛亥革命前后中国的巨变息息相关。

1912年1月，南京临时政府成立，蔡元培被孙中山任命为教育总长。蔡元培上任后，为巩固共和政治的需要以及适应废除科举后的教育改革趋势，1月19日颁布《普通教育暂行办法》，规定"凡各种教科书，务合乎共和民国宗旨，清学部颁行之教科书，一律禁用""小学读经科一律废止"。①10月,颁布《大学令》,依照西方大学的做法来建构中国大学学科,分为文、理、法、商、医、农、工等七大科,②取消传统经学,将"十三经"划入文科的相关学科中。作为整体的经学,自此全面退出教育、政治领域。而同年3月,南京临时政府颁布《临时约法》,第二章第六条规定"人民有信教之自由"。这不仅从律法上彻底废除了汉武帝以来传统儒学的独尊地位,而且将传统儒学置于不利之地。因为在不少时人眼中,传统儒学不是宗教,不受此条例保护,而与其竞争的基督宗教、佛教等则受保护。

康有为戊戌前就已经重视传统儒学,将传统儒学作为维系国家和种族的根本所在,周游列国后,发现每国的自立都离不开传统文化,更强化了其看法。在他看来,南京临时政府的系列举措非常有问题,只知全面效法欧美,未能分清变与不变的内容:

> 推所以然,盖吾国人鄙弃中国之心太盛,于是并国学之粹美而弃之,则不择他学之淫昧侏离而敬奉之矣。岂惟文学,凡百一切,其为中国者,则不择其

---

① 朱有瓛主编:《中国近代学制史料(第三辑上册)》,华东师范大学出版社,1990年,第2页。
② 高平叔编:《蔡元培教育论著选》,人民教育出版社,2017年,第25页。

是非美恶而弃之；凡为外国者，则不择其是非美恶而师法之……假令吾为野蛮小国，一无所长，则舍己从人，以求良美可也。若吾中国，自创文明者也。五千年来，圣哲之精英无量数，豪杰之心肝无量数，以有吾今日之政治、风俗、教化也。但旧者一统之制，与今列国相竞，不相容耳；而道德礼俗，立国之本，不可变易者也。①

康有为赞成变革传统的君主专制，但坚持道德礼俗为中国立国之本，不能变动。为此，他激烈地批评当时革命不只是政治革命，而是要尽革中国一切旧有的风俗、教化等："以今兹之革命，非止革满洲一朝之命也，谓夫教化革命、礼俗革命、纲纪革命、道揆革命、法守革命，尽中国五千年之旧教、旧俗、旧学、旧制而尽革之；如风雨迅烈而室屋尽焚，如海浪大作而船舰忽沉。故人人徬徨无所依，呼吁无所诉，魂魄迷惘，行走错乱，耳目不知所视听，手足不知听持行，若醉若狂，终之惟有冷死沉溺而已。"②他强烈地感受到如此下去，会带来亡国灭种的危险。

---

① 康有为：《中国颠危误在全法欧美而尽弃国粹说》，《康有为全集》第十集，第140页。

② 康有为：《中国以向方救危论》，《康有为全集》第十集，第35页。

为此，1912年7月，康有为致信指示其弟子陈焕章主持操办孔教会。

陈焕章于1881年生于广东高要，1933年病逝于香港，终年五十三岁。1893年，他曾到广州万木草堂读书学习，是康门中年龄最小的弟子。对主持孔教会，陈焕章无疑是非常适合的人选：在教育经历上，他曾参加1904年清末最后一次科考并高中进士，朝考授内阁中书，此后到美国纽约哥伦比亚大学学习政治经济学，1911年以博士论文The Economic Principles Of Confucius And His School（《孔门理财学》）获得哲学博士学位。①他是当时罕见的获得中外双重"最高学位"的人，集新旧学问、中西知识于一身。在思想倾向上，受康有为影响，于1898年即确立了"尊孔崇儒，树尼山教义，振民族精神"之志。1911年，"闻革命军兴起，决意不问政治，而专其力以宣扬孔教，遍游英、法、德、意诸国而归"，1912年回到国内。②在实践上，他于1899年已在家乡创设昌教会，在美国学习期间，课暇还为华侨演讲孔子教义，于1907年在纽约创设昌教会及孔教义学华侨学校，还担任过《知新报》的主笔。

康有为在信中对陈焕章说："近者大变，礼俗沦亡，

---

① 陈焕章著，韩华译：《孔门理财学》，商务印书馆，2015年，第587—588页。

② 邬庆书：《陈重远先生传》，陈焕章撰，周军标点：《陈焕章文录》，岳麓书社，2015年，第542—543页。

教化扫地。非惟一时之革命,实中国五千年政教之尽革,进无所依,退无所据。顷并议废孔教,尤为可骇,若坠重渊,渺无所属……吾欲复立孔教会以振之……吾欲决开是会,欲付托于弟。"对孔教会的创办事宜,他作了简单交待,其中"吾注有《礼运》《中庸》《四书》《春秋》及《礼记》选,可以宣讲,发明升平、太平、大同之义,令人不以君臣道息而疑孔教之不可行",亦即以其建构的孔教理论作为孔教会的理论基础。同时还透露,创办孔教会不仅在于弘扬孔子教义,而且有更深层的政治用意:"今若以传教自任,因议废孔子之事,激导人心,应者必易,又不为政党所忌,推行尤易……及遍国会,成则国会议员十九吾党。至是时而兼操政党内阁之势,以之救国,庶几全权,又谁与我争乎?此又所谓远之而近之也。"[①]他希望以后可以凭借孔教会的力量,来控制内阁,以便实现救国,其政治抱负跃然纸上。

遵从康有为的指示,陈焕章、麦孟华等于1912年在上海设立孔教总会,以"昌明孔教、救济社会"为宗旨。[②]康有为任会长,陈焕章任总干事。1913年,孔教总会迁至北京,次年又迁至曲阜。1913年,创办《孔教会杂志》,着

[①] 康有为:《与陈焕章书》,《康有为全集》第九集,第337页。

[②] 陈焕章:《孔教会开办简章》,《陈焕章文录》,第432页。

力鼓吹孔教。

作为会长，康有为不过问具体会务事宜，主要是给出整体安排，以及利用其声望进行舆论宣传。他在回国前即撰定了《孔教会章程》及《孔教会序》，并命其弟子陈逊宜、麦鼎华在上海创办《不忍》杂志，专刊其文章，宣传其主张。1913年2月由广智书局印行第一期，至11月共出版了八期，其中9、10两月因其母丧而停刊。1917年，其弟子潘其璇编出九、十两期，合为一册。该刊共计出版九册。

康有为此时期对孔教的鼓吹，以教化是国家自立的基础为前提，偏重于阐发孔教对中国道德及文明所起的作用。他认为，"夫国所与立，民生所依，必有大教为之桢干"，[①]"教化之与政治、物质，如鼎之足峙而并立。教化之与政治，如车之双轮而并驰，缺一不可也"。[②]孔教正是中国得以自立的教化，形塑中国人的道德及文明。"中国立国数千年，礼义纲纪，云为得失，皆奉孔子之经。若一弃之，则人皆无主，是非不知所定，进退不知所守，身无以为身，家无以为家，是大乱之道也"[③]，充分肯定了孔教对民众日常道德所起的作用；"何其今之人不自爱国，乃并数千年之文明教化，与其无量数圣哲之心肝、豪杰之骨血而先灭之欤？彼以孔教为可弃，岂知中国一切文明，

[①] 康有为：《孔教会序》，《康有为全集》第九集，第341页。
[②] 康有为：《孔教会序》，《康有为全集》第九集，第343页。
[③] 康有为：《孔教会序》，《康有为全集》第九集，第341页。

皆与孔教相系相因。若孔教可弃也，则一切文明随之而尽也，即一切种族随之而灭也"，①则将孔教作为中国文明的根本。总括而言，孔教为中国"国魂"：

> 凡为国者，必有以自立也。其自立之道，自其政治、教化、风俗，深入其人民之心，化成其神思，融洽其肌肤，铸冶其群俗，久而固结，习而相忘，谓之国魂。②

为使孔教国教化，康有为还屡次针对时人认为有神才算是religion（宗教）的观念，提出有两种宗教：一种是讲神道的"神教"，如基督宗教；另一种是"人道教"，如孔教。"要无论神道、人道，而其为教则一也。"③纵观他对孔教的解说，用意不在于开展一场宗教运动，其对孔教的宗教性内容阐发不多，而是要借助宗教形式来保存和维系传统儒学，使它成为挽救当时思想混乱、精神迷惘、信仰缺失的精神力量，带有明显的文化保守主义色彩。与戊戌及此前的孔教理论相比，对抗西方宗教的色彩弱化，偏

---

① 《康有为全集》第九集，第345页。
② 康有为：《中国颠危误在全法欧美而尽弃国粹说》，《康有为全集》第十集，第129页。
③ 康有为：《与慧儒、衮孟二子书》，《康有为全集》第九集，第346页。

重于孔教是中国文明、传统的根基作用。

在康有为思想影响下和陈焕章等的主持下，以及民国初期孔子对传统社会的支配力量还十分强大，再加上袁世凯于1913年6月发布《尊孔祀孔令》，尊孔思潮在全国范围内迅速兴起。孔教会取得了飞速的发展，截至1913年底，各地已有一百三十个分会，范围涉及上海、北京、山东、安徽、江西、四川、天津、山西、福建、江苏、浙江、湖北、河南、直隶、贵州、黑龙江、云南、广西、广东等二十一个省市，并在海外的纽约、横滨、东京、费城等地设有分支。①

对康有为而言，孔教运动的最重要目标不在于自身的发展，而是要将孔教作为国教写入宪法。只有这样，才能在新的法制内为儒学提供制度性保护，确保其处于被尊崇的地位。他在《以孔教为国教配天议》中提出："凡国，必有所谓国教也……然而今中国人也，于自有之教主如孔子者，而又不尊信之，则是绝去教化也。夫虽野蛮亦有其教，否则是为逸居无教之禽兽也。"其后，他以世界各国的具体情况，否定定孔教为国教会与信教自由相矛盾，提出："吾国宪法，宜用丹、班之制，以一条为信教自由，以一条立孔教为国教，庶几人心有归，风俗有向，道德有

---

① 张卫波：《民国初期尊孔思潮研究》，人民出版社，2006年，第35页。

定，教化有准，然后政治乃可次第而措施也。"①

　　1913年8月15日，陈焕章、严复、梁启超等在第一届国会修宪期间，联名向两院上呈《孔教会国教请愿书》，强调"立国之本在乎道德，道德之准，定于宗教"，故当奉孔教为国教，并援引十一国的宪法表明各国在定国教与信教自由上有不同做法，两者并不矛盾，"信教自由者，消极政策也；特立国教者，积极政策也。二者本并行不悖，相资为用"，提请"于宪法上明定孔教为国教，并许信教自由"。②此请愿书在全国范围内获得了较大的反响，以至于使反对和赞成的双方争论不下，最后采取折中的办法，在《草案》第三章第十九条增加了第二项："国民教育以孔子之道为修身大本。"

　　1915年，袁世凯一面提倡尊孔，大讲孝悌忠信、礼义廉耻，另一方面却阴谋复辟，于12月建立洪宪帝制。这场闹剧招致了一片讨伐声，袁世凯不得不于1916年2月25日下令缓办帝制，3月22日宣布取消帝制，6月6日去世。以陈独秀为代表的《新青年》，借抨击袁世凯复辟为契机，全面批判以孔子为代表的旧文化，社会对尊孔的态度迅速逆转。但此次事件对于孔教会的冲击不算特别大。这主要

---

　　① 康有为：《以孔教为国教配天议》，《康有为全集》第十集，第91、94页。
　　② 陈焕章：《孔教会国教请愿书》，《陈焕章文录》，第238—242页。

是康有为等未参与这出闹剧，尽管袁世凯称帝前曾多次拉拢康有为、陈焕章等与其合作。相反，在袁世凯称帝时，康有为发表《讨袁世凯檄》《劝袁世凯退位书》等文予以积极声讨，而且派弟子徐勤回粤讨袁，并抵押香港房屋作军饷。①

袁世凯去世后，旧国会得以恢复，宪法修订继续进行。1916年9月，康有为致北京政府，又提出"以孔子为大教，编入宪法，复祀孔子之拜跪明令，保守府县学宫及祭田，皆置奉祀官，勿得荒废污莱，勿得以他职事假赁侵占。且令议员有司，永不提议"②。陈焕章等也再提交《孔教会国教意见书》，仍提请"于宪法上，明定孔教为国教并许信教自由"，同时将《草案》第三章第十九条第二项改为："国民教育，以孔子之教为大本。"③陈焕章还于1917年3月在上海成立了"各省公民尊孔联合会"，自任会长，康有为和张勋是名誉会长，并组织请愿团解决国教问题。1917年5月，宪法审议会否决了定孔教为国教的议案，撤销了原《草案》第三章第十九条第二项，将第三章

————————

① 楼宇烈整理：《康南海自编年谱（外二种）·南海康先生年谱续编》，第111页。

② 康有为：《致黎元洪、段祺瑞书》，《康有为全集》第十集，第317页。

③ 陈焕章：《孔教会国教意见书》，《陈焕章文录》，第247页。

第十一条改为"中华民国人民有尊崇孔子及信仰宗教之自由，非依法律不受限制"，增加了"尊崇孔子"四字。尽管还没有将孔教定为国教，但似乎体现出北洋政府尊孔的政策，也可见当时尊孔还有比较大的势力。

然而，对孔教运动予以致命打击的是康有为等发动的张勋复辟。

康有为参与张勋复辟，并非偶然，是其落实"虚君共和"主张以救国的必然结果。如前所述，他周游列国后发现共和政体不适于中国，在辛亥后一直鼓吹"虚君共和"："仆自戊戌以来主持君主立宪，自辛亥以来主持虚君共和；光明言之，未有改也。"①由于其很快确立清帝为"虚君"，这意味着实现"虚君共和"必然是谋求清室复辟。而在民国肇建后，他看到乱象横生，对施行共和政制的成效颇为不满，批评从未间断，如1913年时就写道："若各议会之争乱，各官僚之争乱，各军队之争乱，各乡市之争乱；炸弹、手枪、暗杀日闻于都市，胪言、风闻、谣警日闻于朝堂；商市震扰而资本亏，男女坐休而农织罢；中资亡于转徙，老弱转于沟壑；富者徙而之外，金融绝于全国；各官吏自知不久，皆怀五日京兆之图，遂为席卷地皮之计。其他苛政若虎，贪吏如狼，遍满中原，横行

----
① 康有为：《致冯国璋电》，《康有为全集》第十集，第418页。

郡邑。"①民初的系列乱象，使他更坚定"虚君共和"才能救中国的看法，一直想谋求复辟，只是忌惮于革命派的力量，未敢轻易行事，即"四面处革命党之地，有身命之忧，不得已也"。②

　　康有为联结张勋，其来甚早。他自称："昔在癸丑三月，曾与之密联诸镇，欲复本朝，不幸事泄，中道而废，此柏原君夙知也。"③癸丑为1913年，康有为当时还在国外；柏原君，指柏原文太郎。康有为要联结张勋，是因为在众多谋求清室复辟的时人中，张勋最为坚定，且拥有兵力。张勋是江西奉新人，1854年生，1923年卒。清朝被推翻后，张勋为表示忠于清廷，他和他统率的军队都不剪辫，分别被称为"辫帅"和"辫子军"。但是，两人的政治诉求有关别：康氏主张"虚君共和"，而张勋主张君主专制。两人1913年的谋划因事泄而中止，但一直在等待机会。

　　袁世凯称帝时，康有为积极讨袁，一方面是预知袁必然行专制，"仆昔创虚君共和之说，乃专以防总统之专制

---

　　① 康有为：《问吾四万万国民得民权平等自由乎》，《康有为全集》第十集，第145页。
　　② 康有为：《致冯国璋电》，《康有为全集》第十集，第418页。
　　③ 康有为：《复大隈侯爵书》，《康有为全集》第十集，第422页。

如公者",①另一方面也想借此为清室复辟打基础,"以袁世凯之篡盗专政,故先倒之,然后可以收北军而用之复辟也"。②当袁世凯取消帝制后,他于1916年4月在《上海周报》上发表《为国家筹安定策者》,公开主张溥仪复辟。其弟子梁启超看到后,曾撰写《辟复辟论》予以反对。但他没有听从,仍不断为复辟制造舆论,甚至于同年11月创办《国是报》作公开鼓吹。在袁世凯去世后,他即致信张勋,催促其举事:"今袁氏殂逝,正中国存亡之秋,而清室绝续之关也。总统共和之制,既五年三乱,后此乱尚无穷。扶旧君即以安中国,令之勿乱,此将军生平之志,亦即中国待命于将军者也……如柔懦不断,观望失机,则受制于人,身家不保,身败名裂。"③张勋不知是否听从了他的建议,从1916年6月到1917年5月,先后纠集各省督军在徐州数次秘密召开会议,策动复辟,握有十三省督军签订的赞同清室复辟的誓约。然而,张勋忌惮"虚君共和"主张,有意隔绝康氏,使其无法与闻重要机密。

1917年5月,就第一次世界要不要对德宣战,时任国

---

① 康有为:《致袁世凯书》,《康有为全集》第十集,第292页。

② 康有为:《复大隈侯爵书》,《康有为全集》第十集,第412—422页。

③ 康有为:《致张勋书》,《康有为全集》第十集,第301页。

务院总理段祺瑞与大总统黎元洪出现了激烈争论。段祺瑞一方主张对德宣战，黎元洪一方坚决反对。恰在此时，段祺瑞私自向日本借款一事被揭露，黎元洪于5月21日下令撤销段祺瑞的总理职务。段祺瑞退居天津，直接宣布大总统无权直接干预国务院的政务，授意皖、奉系各省督军闹"独立"。黎元洪无计可施，于6月1日向张勋求救。张勋接到消息后，认为时机已到，于6月8日借调停"府院之争"为名，带领三千辫子军自徐州北上。到达天津时，张勋通电威胁黎元洪解散国会；14日进入北京后，又逼黎元洪去职。6月26日，康有为也带着为复辟起草的"诏书"，从上海乘车赶到北京，即"吾到京三日，遂已复辟"。7月1日，张勋等拥立十二岁的溥仪"登极"，定国名为"大清帝国"。而在当天，徐世昌、康有为被分授弼德院正、副院长，属虚衔。在整个过程中，原本以为大有作为的康氏，却被晾到一旁，称"一切皆其（指张勋——笔者注）左右刘廷琛、张镇芳等主持，吾一切未得与闻。吾所拟之上谕，主照英制为虚君共和，为中华帝国，及其他除满汉、免拜跪、去御讳、合用新旧历、开国民大会以议宪法、召集国会等谕纸数十纸，皆不行。吾以改大清国及大清门、大清银行为尤不可"。①康氏此语非虚。从现存所拟的"诏书"来看，康氏落实的是其"虚君共和"主

---

① 《康有为全集》第十集，第418页。

张:"朕与吾国民愿用英国君民同治之政""统名中华帝国",①"政体虽有虚君,民权仍是共和"②等等。康氏后来追怀一同复辟的好友沈曾植时,写道:"覆袁既惨淡,结张乃协和。摩燕鸟集阙,复辟黄发皤。夔典乐教胄,卿云烂暮霞。良谋未见听,一败为虫沙。"③

更为康有为预料不到的是,默许张勋进京复辟,恰是段祺瑞等设下的局。他们希望利用张勋赶走黎元洪,解散国会,默许复辟,再借反复辟为名,打倒张勋,重握大权。果不其然,张勋复辟立即引来社会的一片声讨声,尤其是梁启超在7月1日发表《反对复辟电》,称"此次首造逆谋之人,非贪默无厌之武夫,即大言不惭之书生",④将张勋、康氏并提为首逆,导致康、梁的公开决裂。而段祺瑞则借助舆论声势,迅速组织"讨逆军",自任总司令,于7月5日在马厂誓师,带兵五万余人,进京讨伐张勋。7月12日"讨逆军"攻入北京,张勋仓皇逃往荷兰使馆,而康氏则避往美国使馆,溥仪再次宣布退位。有趣的是,7月17日,代理大总统冯国璋下令缉拿参与复辟的康氏、刘廷琛、万绳栻、梁敦彦、胡嗣瑗等5人,未及张勋,因为张勋

---

① 《康有为全集》第十集,第388页。
② 《康有为全集》第十集,第399页。
③ 康有为:《万木草堂诗集》,上海人民出版社,1996年,第381页。
④ 梁启超:《饮冰室文集》之三十五,第17页。

手头握有冯国璋等支持清室复辟的文书。康有为摇身一变为首犯，以致其对此次栽跟头意难平，于7月19日公开致电冯国璋，指斥冯国璋出尔反尔，指认他也是"同谋造乱之一人"。①

由于北京政府本身在张勋复辟上难以彻底撇清关系，通缉令是只"通"而不"缉"。康有为也躲在美国驻华大使馆半年。1917年十二月二十二日（1918年2月3日），美使馆派人护送康氏出京，返回上海。

对康有为而言，参与张勋复辟是其落实"虚君共和"的最后一着。他作为一介书生，只是忠于其理念，根本不是当时军阀的对手。退一步来说，即使清室复辟成功，他无权无势，也不可能实现其抱负。可能更让他预料不到的是，这一闹剧不仅使其声誉扫地，而且也给孔教运动带来极大的重创。本来，陈独秀等知识分子在袁世凯复辟后就曾明言"孔教与帝制，有不可离散之因缘"，②而同为上海"各省公民尊孔联合会"的名誉会长"文圣"康氏和"武圣"张勋，均参与了复辟，似乎证实了陈独秀等的说法不假。在张勋复辟后，陈独秀更是抓紧时机，在《复辟与尊孔》中提出："孔教与共和乃绝对两不相容之物，存其一

---

① 康有为：《致冯国璋电》，《康有为全集》第十集，第417页。

② 陈独秀：《驳康有为致总统总理书》，《新青年》第二卷第二号，1916年10月1日。

必废其一。此义愚屡言之,张、康亦知之。故其提倡孔教必掊共和,亦犹愚之信仰共和必排孔教。"[1]孔教与共和被放在对立的两极上,不容申辩。由此,尊孔思潮的社会基础在很大程度上被削弱,尊孔言论也失去了舆论的支持,孔教运动迅速走向衰落。

---

[1] 陈独秀:《复辟与尊孔》,《新青年》第三卷第六号,1917年8月1日。

第二节 天游学院与"天游之学"

经过张勋复辟闹剧的折腾后，康有为昔日的声望已不再，但其济世救民之心仍未泯。在面对一些政治事件时，他依旧站出来发表其看法。如在1919年"五四"运动发生时，他站在爱国的立场上，发电声援学生的爱国运动，斥责曹汝霖、章宗祥的卖国行径，要求释放被捕学生并讨国贼："幸今学生发扬义愤，奉行天讨，以正曹汝霖、章宗祥之罪……则学生此举，真可谓代表四万万之民意，代伸四万万之民权以讨国贼者"，"吾全国人宜唤醒以救被捕之学生，而日请诛卖国贼。政府宜亟释被捕学生而诛卖国贼"。[①]在1919年七月日本占领青岛时，发电给好友犬养毅，请其转达日本内阁，要求日本从青岛撤兵，并交

[①] 康有为：《请诛国贼救学生电》，《康有为全集》第十一集，第105—106页。

还青岛:"今之山东青岛,犹春秋郑虎牢,德、法之来因河也。贵国之得青岛,与济顺、高徐诸路,是横截中国之腹,则中国可断而亡,中国人所必不能忍受者也。""为今之计,莫如慨然以山东青岛归还,用昭大信。凡德国旧约一概置之,撤驻兵,还铁路,乃至袁世凯之二十一条,及近者段祺瑞之军事协定,与及徐世昌之顺济、高徐之路约,皆折约券,焚盟书,不索条件,尽还于我。"①尽管这些电文实际收效不大,但从中不难感觉出其救国之心。但相对而言,他已发现"虚君共和"主张不可能为用,热情有所减退,再没有出现社会政治上的较大谋划。

偶尔,康有为也受邀到上海之外讲演。如1923年十一月,受陕西督军刘镇华邀请到西安,分别在督署讲堂、易俗东社、西安青年会、孔教会、万国道德会、女师范、佛教会等作了多场演讲,主旨涉及天人之故、"虚君共和"、孔教、灵魂报应等内容。而在西安漫游佛寺时,发生了所谓"盗经风波"。据时任陕西省议会议长马凌甫回忆说:康有为有一天游卧龙寺,看到寺内存有宋版藏经,甚为喜欢,就对当时请其吃饭的寺僧定慧说:此经残缺不全,愿以正续藏经两部相换。当时,定慧说须开佛教会请众公决。康有为回到接待他的中州会馆后,派接待他的职

---

① 康有为:《请犬养毅转达日本内阁撤兵交还电》,《康有为全集》第十一集,第108、109页。

员押着一辆轿车到卧龙寺，未征得寺僧的同意，将经拉上车就走。寺僧因而向各界求援。后来各界人士以保存古物为名而开会讨论，同意以刑事案件到法院告他。法院按照诉讼程序，法警拿着拘票到中州会馆准备拘拿他。到会馆后，守门的卫兵阻止法警入内，只是将拘票交他看了一下，法警即行转回。此事发生后，他难堪不已，即行告别。他临走时要了十几匹骡子，装了几十个箱子行礼。陕人以为箱里装的是《藏经》，实际只是他在西安游览时拾得的秦砖汉瓦等。经则仍还归原处。① 武念堂在事件发生后，作了一副对联挖苦他：上联为"国家将亡必有"，下联为"老而不死是为"，横批为"王道无小"。横批隐含"康"，与上、下联最后一字合为"康有为"；上联取自《中庸》"国家将亡，必有妖孽"，隐去"妖孽"；下联取自《论语·宪问》"老而不死，是为贼"，隐去"贼"。合在一起，讽喻康有为是妖孽、贼。此事后来被扩大宣传，造成了全国效应，成为康有为的一大笑柄。

为排解政治上的不得志，康有为自小养成的游观山水爱好又起，寄情于山水之中。在最后十年中，先后游览过青岛、大连、旅顺、绍兴、凤阳、曲阜、普陀、保定、开封、南京、洛阳、西安、济南、长沙、武昌、天津等地，

---

① 马凌甫：《康有为在西安》，《追忆康有为（增订本）》，第359—360页。

登过庐山、泰山、清凉山、茅山、崂山、华山、嵩山、雁荡山等风景名胜。

与此相应,由于感觉回天乏术,康有为有意安居下来,颐养天年。他有一妻五妾:元配为其十九岁时所娶的张云珠(1855—1922);五妾则纳于不同时期,四十岁时在广州纳妾梁随觉(1880—1969),五十一时在美国纳妾何旃理(1891—1913),五十七时在上海纳妾市冈鹤子(1897—1974),五十八岁在上海纳妾廖定征(1897—?),六十二岁时纳妾张光(1900—1943)。他共育有四子九女,其中两子三女早年即夭折。①

为此,筑屋成为康有为晚年的一大事情。他1914年到上海后,租借上海新闸路十六号辛家花园作为住宅,每月租金一百二十元。此宅占地十亩,原为犹太人辛家所有,因破产用发售彩票的方式拍卖,由盛宣怀中彩票而购置。康有为直到1921年元月才迁出此屋。1921年,他在上海愚园路自购地皮,建造起占地十亩的花园住宅,称为"游存庐"。直到1927年搬迁到青岛时,他一直居于此。此外,他1917年前后在杭州西湖的丁家山购地三十余亩,于1921年建成"一天园",又名"人天庐";1921年,还在杨树浦建造莹园,但这座别墅一年多后转售给日本人;1923

---

① 夭折的两子为同国、同吉,夭折的三女为同结、同完、同令。

年，游青岛时，被安排住在胶澳商埠的福山路旧提督楼，他觉得此楼望海，盛署不热，租赁了一年，1924年花钱将它买了下来，自题为"天游园"，每年夏天率子女到此避暑。①

此外，与康有为同住的成员非常庞杂，除了妻妾和未婚子女之外，还有党人、门生、故旧、仆人等。据其二媳妇回忆称，康家"单是仆佣就有四十人左右，寄居的食客，少时十余人，多时三十余人"。此外，还与海内外名士甚多交往，如画家刘海粟、徐悲鸿，书法家刘湘、李微尘，篆刻家吴昌硕等，还不时给予资助，如资助徐悲鸿等。这样，其每月支出相当可观："食米平均四天一担，荤蔬菜以汽车运输，子女零用钱，儿子每月二元，女儿每月五元，男女佣人薪金平均每人每月十二元，加上婚丧喜庆的应酬，以及其他费用，每月总开支要二千元左右。"②

康有为如何维持这些开支？其收入主要有三部分：一是作为海外宪政会的党魁，宪政会经常供给其一定的经费。二是做地产生意以及买卖古董书画。他在广州惠爱街原有祖屋云衢书屋，后在花地也购地建屋，戊戌政变后被

---

① 此处主要参考庞莲《康有为的家世和晚年生活》（载夏晓虹编《追忆康有为（增订本）》）及康同璧《南海康先生年谱续编》[楼宇烈编《康南海自编年谱（外二种）》]。

② 庞莲：《康有为的家世和晚年生活》，《追忆康有为（增订本）》，第407—408页。

抄没，1913年其回国后，邓华坚等人联名呈请政府发还。由于云衢书屋当时建马路被拆毁，无法原物发还，因而另将回龙舍分给他，并给以相当赔偿。他定居上海后，将回龙舍出售，在上海做地皮生意，据闻获利颇丰。同时，他周游列国时，购买了不少中外文物、古董，后来出售了部分来弥补生活开支。三是卖字。他不仅是清末民初著名的书论家，而且是著名的书法家。其书法格调可古朴高雅，可浑厚雄健，可拙中见巧，各有特色。他晚年在上海，很重要的一项收入就来自于卖字。各种楹联、条幅、中堂、横额、榜书等，无所不写，曾在报刊上登卖字广告，也铅印单张卖字告白。以楹联润格为例，《不忍》杂志的广告是"八尺者二十元，每减一尺减一元"，自印单张是"四尺者二十元，每加一尺加二元"（有"照例减半"的附注），并有磨墨费加一成的规定。"一般向南海先生求字的人，要按例送上润笔；有面子的人求字，可能送润笔更多；白送人情的，大概不多。"卖字的收入，平均每月也有一千元左右。[①]靠着这些收入，他生前，康家的生活还算是钟鸣鼎食。

而在康有为晚年，最重要的是在上海办学，这也是其第三次办学。他"自一九二三年在国内倦游之后，即拟在

[①] 李云光：《康南海先生书学异闻记》，《追忆康有为（增订本）》，第340—341页。

沪办一所大学，因经费无着，延至一九二六年，始在上海愚园路住宅设天游学院，登报招生"。①学院的办学宗旨为"研究天地人物之理，为天下国家之用"，兼用传统的书院制与分科教授的学校制相结合的形式。他自任院长兼主讲，每周讲学两次，上半期讲诸天，下半期多讲文章、书法及各家杂说。弟子龙泽厚为教务长，另聘阮鉴光教授日文及论理学，况夔笙教授词曲，罗安教授英文。入院的学生约三十人，学费每半年四十元。如同万木草堂一样，学生的主要功课在笔记，每月完成十篇论文，随同笔记一起上交，他作批阅，加以圈点，再发还。课堂讲解只起启发作用，主要还是靠学生的自修。②

在天游学院期间，由于康有为讲学涉及诸天，门弟子请其刊布，于是应弟子之请，作了整理，并交弟子刊布。此书即《诸天讲》，又名《诸天书》，为他生前完成的最后一部著述。对于此书，他自称："二十八岁时，居吾粤西樵山北银河之澹如楼，因读《历象考成》，而昔昔观天文焉。因得远镜，见火星之火山火海，而悟他星之有人物焉。因推诸天之无量，即亦有无量之人物、政教、风俗、

---

① 任启圣：《康有为晚年讲学及其逝世之经过》，《追忆康有为（增订本）》，第381页。

② 蒋贵麟：《追忆天游学院》，《追忆康有为（增订本）》，第374—375页。

礼乐、文章焉。乃作《诸天书》，于今四十二年矣。"①按此自述，他二十八岁时写作《诸天讲》，即1885年。尽管他很早就对天文学产生兴趣，在1884—1885年曾购买望远镜观测天象，并一直保持到晚年，但触动其灵感的是看到火星上有火山火海，从而悟到火星及其他星球有生物存在，这并非一般望远镜可做到。火星上有生物的假说，最早在1890年由美国天文学家罗维尔（Percival Lowell）提出，在国外流传甚广。当时罗维尔借助大型望远镜才观测到火星上的火山和海，这远非他1885年购买的望远镜所能做到的。因而，他获悉相关假说，应在其流亡海外时。②康同璧在《南海康先生年谱续编》1924年条中明确写道："四月，外孙罗荣邦年十四，译天文书……翌年，《诸天讲》著成，多得其力。"③这表明他书中的西方天文学资料，有不少来自于罗荣邦翻译的天文学书籍，因为他不懂外语。故而，此书完应成于1926年前后，或许有些中国的素材来自于早年收集。

　　康有为去世后，弟子们对是否刊布《诸天讲》出现了一些分歧。这涉及对此书的定位问题。梁启超认为："《诸天书》多科学家言，而不尽为科学家言；庄子《逍

---

　　① 康有为：《诸天讲》，《康有为全集》第十二集，第12页。
　　② 参见马永康：《显微镜、望远镜与康有为的悟道》，《海南大学学报（人文社会科学版）》2019年第1期。
　　③ 楼宇烈整理：《康南海自编年谱（外二种）》，第168页。

遥游》不言科学，《诸天书》兼言科学，后人或不以《逍遥游》视之，而议先师科学之言为未完也。"这表明，此书涉及大量的天文学知识，又有类于庄子《逍遥游》式的精神追求。而所涉及的天文学知识，在当时并非定论，他只是复述，并没有新的发现。因此，梁启超担心此书出版后，读者从科学的角度来理解，可能有损于他的声誉。而徐勤、伍庄等则不同意这看法，特别是伍庄认为："先师之讲诸天，为除人间患苦，发周子'务大'之义，泰其心也，予之真乐也，不能执科学议之也。今之科学，再过千万年后，其幼稚必极可哂……宇宙之大，离奇奥妙，断非现在区区科学所能尽也，岂可以是议《诸天书》？"①这是将《诸天讲》定位为哲学性质的著述，并认为随着科学的进步，天文学必然有更多发现，不能以是否有定论作为评价此书的标准。

无疑，徐、伍的看法是对的。康有为撰写此书，目的是要传达其晚年常说的"天游"思想："吾之谈天也，欲为吾同胞天人发聋振聩，俾人人自知为天上人，知诸天之无量，人可乘为以太而天游，则天人之电道，与天上之极乐，自有在矣。"②所谓"天游"，亦即站在天或宇宙的高度来俯视地球或人间的一切事务，从而获得超拔的精神

---

① 康有为：《诸天讲》，《康有为全集》第十二集，第11页。
② 康有为：《诸天讲》，《康有为全集》第十二集，第13页。

快乐：

> 历劫无恙，日为天游，吾身在此地星之人间，吾心游诸天之无量，陶陶然，浩浩然。俯视吾地星也，不及沧海之一滴也；俯视此人间世也，何止南柯之蚁国也。①

在此意义上，"天游"是精神境界。他在《大同书》最后也写道："故大同之后，始为仙学，后为佛学；下智为仙学，上智为佛学。仙佛之后，则为天游之学矣。吾别有书。"②所谓"别有书"，即指《诸天讲》。仙、佛之学，是修养灵魂之学，"天游之学"无疑也是修养灵魂之学，亦即阐述精神境界的学说。他将它放在仙、佛之后，意含着其学高于前两者，是一种自许。这种自许，来自于他认为仙、佛等关于天的学说均有误："各教主生在古昔，未有精镜，谈天无不有误。吾敬诸圣，亦不欲多议……盖佛所言世界以千增级者，不过随意拟议推算，非谓实也。然相去太远，误谬亦已大甚矣。若回、耶所言诸

---

① 康有为：《诸天讲》，《康有为全集》第十二集，第12—13页。

② 朱维铮编校：《康有为大同论二种》，中西书局，2012年，第319页。

天上帝，远不及佛之深远，可不必论。"①"故一通天文而诸教皆破，故穷理格物之极，有无限之权、无限之乐。今以一千倍远镜观诸星，即能明诸星，一切皆破。"②亦即仙、佛之学对天的议论，都出于悬想，并非实证。而他自称其境界独得之处在于有实证为基础："吾自谓从致知格物悟得之后，有无限之全权。沉地球，灭诸天，黄金铺地，皆为极小事；而日用洒扫，亦为极大事。"③所谓"致知格物"，指科学的实证。他很早就受科学实证的影响，将能否验证作为是否可信的标准之一。④

《诸天讲》本来是谈论"天游"的书，何以会包含大量的天文学知识？这与康有为认为人的仁爱或精神境界与觉知相关。在早年的《康子内外篇》中，他就提出仁爱与觉识具有高度的正相关性："学人与常人器抱之异，此识为之也。"⑤在《大同书》中，他又写道："其觉知少者，

---

① 康有为：《诸天讲》，《康有为全集》第十二集，第101页。
② 康有为：《长安讲演录》，《康有为全集》第十一集，第273页。
③ 康有为：《与梁启超书》，《康有为全集》第九集，第283页。
④ 康有为：《康子内外篇》，《康有为全集》第一集，第106页。
⑤ 康有为：《康子内外篇》，《康有为全集》第一集，第105页。

其爱心亦少。其觉知大者，其仁心亦大。其爱之无涯与觉之无涯，爱与觉之大小多少为比例焉。（吾别有书名《诸天》）"①为此，他在书内介绍了非常多的西方天文学知识，包括康德—拉普拉斯的星云说、爱因斯坦的空间有限论等等，使它成为当时最为全面、系统介绍天文学知识的中文撰著。

正如梁启超所言，谈论精神境界不一定要讲科学，如庄子的《逍遥游》。康有为《诸天讲》所遵循的是一条以近代科学知识通达精神境界的进路，其创新之处不在于境界本身，而是路径更具有近代性。一般来说，康氏治学侧重于制度，《诸天讲》与此不同，表明其意识到单凭制度的建构无法实现"务致诸生于极乐世界"的志向。因而，需要偏重精神境界的《诸天讲》与偏重制度的《大同书》相配合。

顺带说一句，康有为将《诸天讲》的写作时间提前，意在表明其很早即超越于世俗的利益，而以"天游"的精神来从事济世救民的事业。这似是在回应革命派等对其贪恋富贵利禄的质疑。

天游学院开办不到一年，康有为就在寒假时宣布停办。原因是1926年11月，国民革命军北伐顺利，占领南昌。他与孙中山为首的国民党素有嫌怨，获知消息后，担

---

① 朱维铮编校：《康有为大同论二种》，第44页。

心国民革命军对己将不利，准备先到青岛，再到大连，让学生自愿报名是否随同北上。①1927年二月五日（3月8日），他在上海过七十大寿，已感觉身体不适。他提前收到了宣统御书的"岳峙渊清"四字匾额一幅及玉如意一柄，写了谢恩折。二月十五日（3月18日），他乘船到青岛，临行时似有预感要永别，道出"我上海缘尽矣"，并将相片分赠他人作纪念。二月二十八日（3月31日），康有为逝世于青岛福山路寄庐，后被葬于青岛李村象耳山下。②

---

① 任启圣：《康有为晚年讲学及其逝世之经过》，《追忆康有为（增订本）》，第384页。

② 楼宇烈整理：《康南海自编年谱（外二种）》，第180—181页。

第七章 梁启超对康有为的追随与分途

第一节　与康有为并称的梁启超

梁启超1901年撰写《南海康先生传》，评价康有为说："先生能为大政治家与否，吾不敢知。虽然，其为大教育家，则昭昭明甚也。"①尽管其时康、梁两人已出现一定的思想分歧，但梁启超充分肯定了康有为作为大教育家的地位。

无疑，康有为在中国近代史上的贡献之一，就是为近代中国造就了不少杰出的人才。他自第一次上书不达后，抱持"救今之弊，兴起人心，成就人才"②的理念，从事讲学授徒，曾先后在三处兴学授徒：一是在1891—1898年，在广州创办万木草堂，持续近八年；二是在1895—1897

---

① 梁启超：《南海康先生传》，《康有为全集》第十二集，第425页。

② 康有为：《与沈刑部子培书》，《康有为全集》第一集，第238页。

年，两次赴桂林讲学，前后超过半年；三是1926—1927年初，在上海创办天游学院，为时近一年。此外，他在学堂外还收了不少弟子，如徐悲鸿、刘海粟、朝鲜的朴殷植、李炳宪、吴锡龙、日本的梁子刚、黄为之等。康氏的弟子数量，卢湘父称"其全盛时，数以千计，盖遍于各省矣"①，梁启勋说"草堂学生连同康先生往桂林讲学之后的两广学生以及在上海、北京来拜门的约千人"②，而张伯桢说"各省学子，千里负笈，闻风相从，前后达三千人"③，"三千"应为虚数，估计至少千人以上。他教学不拘一格，接见学者时"必以严重迅厉之语，大棒大喝，即打破其顽旧卑劣之根性"，故而师从他的人，都接受其为学宗旨。弟子中人才济济，活跃在教育、传播、政治、艺术、外交、军事、金融等诸多行业，对近现代中国产生了广泛而深刻的影响。④

提到康门弟子，最为人熟知的非梁启超莫属。这是由于自戊戌变法后，"康梁"经常并称，将两人密切地连在

---

① 卢湘父：《万木草堂忆旧（选录）》，《追忆康有为（增订本）》，第179页。

② 梁启勋：《"万木草堂"回忆》，《追忆康有为（增订本）》，第192页。

③ 张伯桢：《万木草堂始末记》，张启桢、周小辉编：《万木草堂集》，青岛出版社，2017年，第181页。

④ 具体参见陈汉才：《康门弟子述略》，广东高等教育出版社，1991年。

一起。如时人张元济在回忆戊戌变法时,就写有"南洲讲学开新派,万木森森一草堂。谁识书生能报国,晚清人物数康梁"的诗句,[①]将两人并置在一起。康梁并称,缘起于梁启超1897年到湖南主持时务学堂,因宣传民权、平等等思想而被湖南旧派乡绅王先谦等攻击。旧派人士将梁氏作为康门的代言人,从而将两人联结起来。[②]此后,康、梁并称逐渐被接纳,一直延续到今天。这在一定程度上刻画出梁氏作为康门弟子的代表性及其所具有的影响力。

梁启超虽然是康有为的第二大弟子,但由于康门大弟子陈千秋英年早逝,未及参与康有为的诸多活动,而梁氏则在其中发挥了重要的作用,特别是曾在一段时期内追随其进行政治活动,并积极宣传其学术思想,因而梁氏也无愧于此殊荣。但是,这一并称容易使人产生师弟一体的错觉。实际上,康、梁并非简单的一体,而是随着时间的发展而呈现出动态的变化:在影响力上,流亡前康有为的声誉远高于梁氏,但由于梁氏在日本接续着创办报刊从事舆论宣传,并提出新民等理念,在很长时间内执舆论界牛耳,而康有为由于被迫离开日本,后来主动周游列国去寻求救国良方,其影响力逐渐下降;在政治、学术思想上,尽管梁氏三十岁之前和康氏存在着一些区别,但基本

---

① 张元济:《读史阅世》,新世界出版社,2012年,第257页。
② 桑兵:《康梁并称的缘起与流变》,《近代史研究》2013年第2期。

为康学所范围，主要是作为康氏活动的追随者及康学的宣传者，但"自三十以后，已绝口不谈'伪经'，亦不甚谈'改制'"，①其思想已非康学所能范围。但是，梁氏前期对康氏的追随及对康学的宣传，产生了重要的历史影响和效应，这是康氏其他弟子难以企及的。因而前期的梁氏对于康学而言，亦具有其代表性。

梁启超于1873年出生于广东新会的一个封建士人家庭。梁家祖先宋末从福州迁居到广东南雄，明末再从南雄迁居到新会熊子乡茶坑村，十世为农。至祖、父两代，为传统乡下士人，实行半耕半读，教授于乡里。梁氏儿童时代接受的教育，主要来自于祖父和父母。据其称，四五岁时祖父和母亲就教他"四书"及《诗经》，晚上和祖父同睡，祖父经常讲古代豪杰哲人的嘉言懿行给他听，希望他能有所作为。六岁后，由父亲讲授中国史略、"五经"。八岁就开始学为文，九岁已经能写出千字的文章，②属于聪明早慧的人。十岁应童子试途中，有人手指盘中咸鱼为题让他吟诗，其应以"太公垂钓后，胶鬲举盐初"，使满座动容，而获得神童的美名。③十二岁（1884年）应学院试，补博士弟子员。在传统中，这样具有天资的孩子，必

---

① 梁启超：《清代学术概论》，第86页。
② 梁启超：《三十自述》，《饮冰室文集》之十一，第15—16页。
③ 丁文江、赵丰田编：《梁启超年谱长编》，第11页。

然承担着父母对他通过科考而获得美好前途的巨大期待,特别是其父常以"汝自视乃如常儿乎"来教导他,督促他奋发有为。因而,梁氏心里虽对八股有一定的抵触,为了科考,只能埋头钻研八股,同时由于处身于乡村的贫苦之家,也没别的书可读。十三岁时,梁氏接触到乾嘉汉学大师段玉裁、王念孙的训诂学著作,为其打开了一道学问之门,因而心生欢喜,渐渐萌生放弃八股的想法。十五岁(1887年),为汉学所吸引,进入阮元创办的广州学海堂学习训诂词章,决定放弃八股。梁氏称此时"不知天地间于训诂词章之外,更有所谓学也"①,显示出强烈的求知欲,容易被周围的环境所改造。

尽管梁启超不再习八股,但还得参加科考,这是当时读书人的唯一正途。1889年,年仅十七岁的他参加恩科乡试,名列第八。当时的正副主考官李端棻、王可庄都极其欣赏他的才华,李端棻想将堂妹许配给他,而王可庄则想招为女婿,由于李端棻先请王可庄做媒,故而王可庄只好放弃。除了科考之外,他在学海堂的学习也取得不俗的成绩,此年的四季季课大考均获第一名,据称这一成绩自学海堂创建以来,只有文廷式曾取得过。②

但是,自中了恩科乡试后,科考的幸运再也没有眷

---

① 梁启超:《三十自述》,《饮冰室文集》之十一,第16页。
② 丁文江、赵丰田编:《梁启超年谱长编》,第15—16页。

顾梁启超。1890年,他入京会试,失败而回。和康有为一样,他途经中西交流活跃的上海时,看到了《瀛环志略》和上海制造局的中译西书,虽然都喜欢,但由于经济条件不允许,只购买了《瀛环志略》。通过阅读,他才知道世界有五大洲及其他各国,眼界得以拓宽。而这年秋天,他结交了同为学海堂高材生的陈千秋。①陈千秋此前得悉康有为上书请求变法,已慕名前往拜访,被康氏的谈话所折服。陈千秋就向他推荐康氏,称"其学乃为吾与子所未梦及,吾与子今得师矣"。于是,两人一同前去拜访康有为。在见面的时候,康氏"乃以大海潮音,作狮子吼,取其所挟持之数百年无用旧学更端驳诘,悉举而摧陷廓清之"。②康氏以其救世济民的经世思想及融合中西的开阔眼光,将梁启超颇自负的训诂词章之学批驳得体无完肤,使其茫然不知所措。两人回去后联床而睡,彻夜未眠。这不难理解,梁氏受经济的限制,无法广购书籍,视野较窄,只专精于训诂辞章,而康氏博览群书,谈话中带进了大量的新知识和新想法,两人的知识储备不在同一层级上。第二天,梁氏再拜请康氏为学方针,"先生乃教以陆王心学,而并及史学西学之梗概"。康氏的教导,让梁氏豁然

---

① 梁氏在《三十自述》说1890年秋结交陈千秋,但《清代学术概论》则说十五岁(1887)。陈千秋生于1869年,估计梁氏入学海堂前,陈氏已进入,但到1890年秋始交往。

② 丁文江、赵丰田编:《梁启超年谱长编》,第15—16页。

开朗,决意舍弃旧学,此后隔日就向康氏请教,成为康氏门生,"生平知有学自兹始"。①康氏当时只是荫监生,而梁氏已是有功名的举人,梁氏拜康氏为师是一个不寻常的抉择。后来,梁氏也介绍亲人及朋友师从康氏。从事后之明来看,梁氏的抉择非常正确。如果没有师从康氏,梁氏终其一生可能成为有名的训诂辞章名家,但绝不可能在近代中国留下厚重的一笔,成为不可绕过的人物之一。

1891年春,梁启超和陈千秋看到康氏已有一定数量的弟子,就请康氏在广州长兴里设教,以便可以更好地接受康氏的教育。与一般塾师以科考为重不同,康氏的讲学以造就经世人才为主,将其学术理念渗透进讲学。其中,康氏所讲的中国数千年来学术源流、历史政治沿革得失,不时引入西方的例子作比较,这大大拓宽了梁氏的学术视野,提供了大量的新知识,激发起梁氏对政治和学术的抱负和热情,故而最受梁氏喜欢。"每听一度,则各各欢喜踊跃,自以为有所创获,退省则醰醰然有味,历久而弥永也。"②而对康氏所讲的佛学,梁氏自认"夙根浅薄,不能多所受"。此外,康氏当时已致力探寻一套理想的社会制度,著有《实理公法全书》等,但深知时机未成熟,不

---

① 梁启超:《三十自述》,《饮冰室文集》之十一,第16—17页。

② 梁启超:《南海先生七十寿言》,《饮冰室文集》之四十四(上),第28页。

能大范围宣传，只在私下里会与陈千秋、梁氏讨论相关内容。梁氏自称"有听受，无问难，盖知其美而不能通其故也"。①尽管康氏禁止宣传这些理想社会内容，但梁氏很快就想着要"锐意谋宣传"，在陈千秋死后更是"独力自任"。②此外，由于康氏撰有《长兴学记》，教导学生读书门径，而学舍也有相当数量的藏书，梁氏便"俛焉孜孜从事"，③广泛涉猎。而且，梁氏还协助康氏编撰《新学伪经考》《孔子改制考》等，视野得到了大大的拓展，学问也得到了长足的提高，自言"一生学问之得力，皆在此年"。④这年冬天，梁启超入京结婚，并拟参加次年初在京师的会试。康氏为其送行，赋有"小心结豪俊，内热救黎元"，即提醒其注意结交京城的豪杰才俊之士，以便救世济民。

1892年夏，梁启超参加北京会试失败，偕妻子南归，居于乡里，梁启勋称其"斯时于国学书籍而外，更购江南制造局所译之书，及各星轺日记，与英人傅兰雅之《格致汇编》等书"来读。⑤这些书是康氏在《桂学答问》中列举的书目，梁氏应是依循康氏的教导进行学习。

---

① 梁启超：《三十自述》，《饮冰室文集》之十一，第17页。
② 梁启超：《清代学术概论》，第83—84页。
③ 梁启超：《变法通议》，《饮冰室文集》之一，第55页。
④ 梁启超：《三十自述》，《饮冰室文集》之十一，第17页。
⑤ 丁文江、赵丰田：《梁启超年谱长编》，第20页。

1893年冬到1894年春，梁启超和万木草堂弟子番禺的韩云台到东莞城内墩头街周氏宗祠内讲学。当时，他曾根据《长兴学记》，拟写了《读书分月课程》，作为学生的读书办法。按张伯桢所记，梁氏指导学生治公羊学，并从中阐发大同义理。

　　1894年，梁氏和康氏入京参加科考，师生均落第。由于康氏下车时脚受伤，提前离京，梁氏仍然留在北京，主要是结识才俊。梁氏致信汪康年说："此行本不为会试，第颇思假此名号作汗漫游，以略求天下之才……今日之事，以广求同志开倡风气为第一义，前在都讲之已熟，君近有所得否？……弟以为今日求人才，必当往教，不能俟其来学。"①梁氏认为，要改变当时清廷积弱的局面，需要广泛结交人才，共同倡导新的改革风气。这实即康氏自下而上的变法之路。

　　七月，由于余晋珊参劾康氏的《新学伪经考》"非圣无法，惑世诬民"，②梁启超在京师听到消息后，多方奔走。梁氏致夏曾佑的信中提及此事："昨日嘉兴致花农一电。今日小湘乡致合肥一电。惟闻花农监临，重伯又非甚重之人，仍恐未得当耳。前仆已面托通州君，若相见时可再托之。但得常熟允致电（待此间自行电去），其电语或

---

　　① 丁文江、赵丰田：《梁启超年谱长编》，第23页。
　　② 茅海建：《从甲午到戊戌：康有为〈我史〉鉴注》，第39页。

由本人自定，或仆处代拟亦可耳。"①嘉兴，指沈曾植，嘉兴人；花农，徐琪字；小湘乡，指曾广钧，字重伯，湘乡人；通州君，指张謇，南通人；常熟，指翁同龢，常熟人。通过梁氏的多方活动，最终两广总督李瀚章令康氏自行销毁《新学伪经考》，不追究其他责任。

是年十月，梁启超返回广东。

1895年春，梁启超、康有为和梁小山再次入京参加会试。此后梁氏再也没有回到万木草堂，而是追随康氏，开启了人生的新篇章。

梁启超在万木草堂师从康氏前后三年。②这三年正是梁氏求知欲望和精力最旺盛的时期。依循康氏的教导，梁氏以今文经学为核心，致力于融合中西学问来经世，为后续的宣传和学术奠定了初步的基础。而通过亲炙康氏的教导以及协助康氏编纂、校对撰述，较深入地理解康氏的政治和学术思想，这使其成为康氏的最重要、最得力的助手。而在这过程中，梁氏也逐渐变得成熟，个性也逐渐变得独立。

---

① 丁文江、赵丰田：《梁启超年谱长编》，第22页。
② 梁启超在《三十自述》称"自是学于草堂者凡三年"。（《饮冰室文集》之十一，第17页）

第二节　戊戌前对康有为的追随和宣传

1895年三月，梁启超与康有为等抵达京师，参加会试。这次会试，康氏高中进士而梁氏落第。对于梁氏的落第，或说副主考官李文田虽然颇赏识梁氏的答卷，但因额满而落第，李文田在卷末批语"还君明珠双泪垂，恨不相逢未嫁时"；或说主考官徐桐或副主考官李文田要抑压康氏，误将梁卷作为康卷，弃置不录。①

此时恰逢甲午战败，康有为在会试期间获悉日方提出割占台湾及辽东等无理要求作为议和条件，"康有为创议上书拒之，梁启超乃日夜奔走号召，连署上书论国事"。②康氏提出要鼓动和组织到京参加会试的举人联名上书，但其不久前因《新学伪经考》被参劾，不便出面，故让梁氏

---

① 丁文江、赵丰田：《梁启超年谱长编》，第25页。
② 梁启超：《改革起原》，《饮冰室专集》之一，第113页。

主要负责上书的事。于是，梁氏先积极活动在京的广东籍举人八十八名，由他领衔联名上书，力言不能割让台湾等；同时，康、梁又一起鼓动各省举人再联名上书，并连夜赶写上书，提出拒和、迁都、变法的主旨。这上书在松筠庵传阅，最后有六百〇三名举人具名。但这两份上书，均未上达天听。

不久，康有为意图以开学会的方式来凝聚知识阶层的力量，后听从朋友建议，先开设报刊来开通士人耳目，再开学会。六月二十七日（8月17日），康氏自费在京师创办日刊《万国公报》，免费派送给京城的朝士大夫，由梁启超和麦孟华负责刊物的编辑工作。尽管京师《万国公报》每期只有论说一篇，大多为转载内容，但梁、麦添加了一些按语，以宣传康氏的思想。①七月，康氏倡议开设京师强学会，梁氏被委任为学会书记员。由于康氏的人缘不好，受人排挤而于八月二十九日（10月17日）南下，梁氏则继续留京筹备开设强学会事宜。十月，京师强学会正式设立。十一月，创办双日刊《中外纪闻》作为强学会的机关报，梁氏、汪大燮担任主笔。对于这段经历，梁氏后来回忆称："当时固无自购机器之力，且都中亦从不闻有此物，乃向售京报处托用粗木版雕印，日出一张，名曰《中

---

① 周伟驰：《康有为创办的北京〈万国公报〉各期内容及其来源》，《世界宗教研究》2020年第1期。

外公报》,只有论说一篇,别无记事。鄙人则日日执笔为一数百字之短文,其言之肤浅无用,由今思之,只有汗颜……其年十一月,强学会遂被封禁,鄙人服器书籍皆没收,流浪于萧寺中者数月。益感慨时局,自审舍言论外,末由致力,办报之心益切。"①梁氏的回忆将《万国公报》《中外纪闻》混合在一起,可能是两报的持续时间不算太长。但是,《万国公报》和《中外纪闻》虽然有前后传承关系,但两者的性质和内容等均不同。

尽管京师强学会及两份报刊的持存时间比较短,但这段经历对梁启超而言则是重要的:一方面,京师强学会的主要目标是译书,设有图书室,康氏在筹备时购买了不少书籍,这为梁氏提供了短时间内接触大量中译西书的机会,进一步丰富了其知识储备;另一方面,梁氏从事两份报刊的编辑和主笔工作,为其后续的舆论宣传提供了初步的从业经验,也使其发现报刊具有影响言论的巨大效力,坚定了其办报刊的想法。梁氏称:"余居会所数月,会中于译出西书购置颇备,得以余日尽览之,而后益斐然有述作之志。"②

此外,在强学会期间,梁氏与在华传教士李提摩太有所接触。据李提摩太回忆,梁氏在得知其1895年居留北京

---

① 梁启超:《初归国演说辞》,《饮冰室文集》之二十九,第2页。

② 丁文江、赵丰田:《梁启超年谱长编》,第29页。

期间需要一位中文秘书，便自告奋勇，协助其工作。①梁氏一直没有提及此事，但很可能属实。戊戌后梁氏就曾介绍汤觉顿去给李提摩太当中文翻译。②至于梁氏协助李提摩太哪些事宜，目前并不清楚。估计梁氏和李提摩太的接触，会有助于其对西学及西方的了解。

1896年初，由于京、沪两地强学会都被禁，梁启超也打算离京，寻找机会继续从事变法活动。这时，汪康年由湖北到达上海，有意利用张之洞捐给上海强学会的余款在上海创办一个报馆，与黄遵宪商量。黄遵宪也有此想法，并再首捐一千两。汪康年将这消息告知梁氏，梁氏表达了"若能成之，弟当唯命所适"，否则将到湖南协助陈宝箴推行新政。③鉴于梁氏原有办报经验，而汪康年也有意介绍，黄遵宪就邀请梁氏到上海筹办报馆事宜。三月，梁氏从北京到达上海。七月，他们在上海福州路福建路口开设时务报馆，发行《时务报》，由汪康年任总理，梁氏任主笔。《时务报》是旬刊，每月初一、十一、二十一日出版，每期二十多页，初期设有《论说》《谕旨》《奏折录要》《京外近事》《域外报议》等栏目，后来局部作了调整。梁启超主要是为该刊每期《论说》栏目撰写政论文

---

① 李提摩太著，李宪堂、侯林莉译：《亲历晚清四十五年：李提摩太在华回忆录》，天津人民出版社，2005年，第234—235页。
② 丁文江、赵丰田：《梁启超年谱长编》，第107页。
③ 丁文江、赵丰田：《梁启超年谱长编》，第36页。

章。而正是梁氏投入大量精力所写的政论文章，惊艳了整个中国知识阶层。梁氏和《时务报》做到了相互成就：梁氏因其政论而声名鹊起，使《时务报》也由初创刊时发行3000多份，一年后增到1.2万份，最高曾达到1.7万份；而《时务报》的影响扩大，也使得梁氏名扬全国。

梁启超的政论何以惊艳？

首先，在形式上，梁启超的政论虽然也使用传统文言文，但却摆脱了传统文言文的束缚，形成了一种新型的政论文体，人称报章体，又称"时务体"。对于这种文体，他在《清代学术概论》中曾概括道：

> 启超……务为平易畅达，时杂以俚语韵语及外国语法，纵笔所至不检束，学者竞效之，号新文体。老辈则痛恨，诋为野狐。然其文条理明晰，笔锋常带情感，对于读者，别有一种魔力焉。[①]

所谓"老辈则痛恨"，指当时的老派士人。他们对于这种不雅驯的新文体非常不满，如湖南士绅王先谦就攻击"时务体"使用新词语："自时务馆开，遂至文不成体，如'脑筋起点压爱热涨抵阻诸力'及'支那黄种四万万

---

① 梁启超：《清代学术概论》，第85—86页。

人'等字,纷纶满纸,尘起污人。"①但是,不少士大夫对这种文体颇为赞赏。同属保守派的胡思敬就说:"当《时务报》盛行,启超名重一时,士大夫爱其语言笔札之妙,争礼下之。自通都大邑,下至僻壤穷陬,无不知有新会梁氏者。"②就效果而论,这种半文言式的政论体,更容易被人理解,能有效地扩大读者群;同时,将感情融入笔端,产生文字激扬的效果,更能调动读者的情绪,引发共鸣。

其次,在内容上,梁氏言人之不敢言,提出了许多大胆而新颖的言论,有力地促进了士大夫阶层的思想解放和民众的觉醒。此时期梁氏的论说内容大体来自于康氏。其中,为梁氏赢得莫大声誉的系列论文《变法通议》,基本上是在宣传和演绎康氏的变法主张。《变法通议》的理论基础是"法者,天下之器也;变者,天下之公理也"。③强调"变"作为历史规律,这为康氏反复倡导,如"变者,天也";④而将法界定为公器,带有破除中西夷狄之分的意义,但梁氏在论说的时候,还是遵循康氏将西法说成中国本有,如"汉制,博士与议郎、议大夫同主论议,国有大

---

① 王先谦:《葵园四种》,岳麓书社,1986年,第865页。
② 夏虹虹:《追忆梁启超(增订本)》,三联书店,2009年,第35页。
③ 梁启超:《变法通议》,《饮冰室文集》之一,第8页。
④ 康有为:《广艺舟双楫》,《康有为全集》第一集,第254页。

事,则承问,即今西人议院之意",①显然汉代议郎和西方议院制度有着很大区别。对于如何变法,梁氏提出:"吾今为一言以蔽之曰:变法之本,在育人才。人才之兴,在开学校。学校之立,在变科举。而一切要其大成,在变官制。"②而从发表的具体文章来看,梁氏主要论述了不变法之害、变法不知本原之害、学校、科举、学会、师范、女学、幼学、译书、去除满汉之界等问题,主要偏重文化教育,较少涉及政治机构改革。这些内容大多都在康氏的变法设计之中,而梁氏主要是予以较详尽的论说。梁氏对各部分内容的展开,也常常以康氏的今文经学为理论框架。如在《学校总论》中,梁氏写道:"吾闻之,《春秋》三世之义,据乱世以力胜,升平世智、力互相胜,太平世以智胜……世界之运,由乱而进于平,胜败之原,由力而趋于智。故言自强于今日,以开民智为第一义。"③所谓"吾闻之",当是从康氏那里听闻,三世历史观正是康氏的自得之作。此外,梁氏也和康氏一样,提出要建立孔教会。《论学会》提出要建的学会,其中之一是"建立孔子庙堂,陈主会中,以著一尊"。④

梁氏也偶尔溢出康氏范围。如《论君政民政相嬗之

---

① 梁启超:《变法通议》,《饮冰室文集》之一,第7页。
② 梁启超:《变法通议》,《饮冰室文集》之一,第10页。
③ 梁启超:《变法通议》,《饮冰室文集》之一,第14页。
④ 梁启超:《变法通议》,《饮冰室文集》之一,第33页。

理》对"张三世"作出了新解释,虽然和康氏一样,认为人类社会将由据乱世进到升平世再到太平世,但认为存在着六种不同的制度形式:据乱世为多君主政,可分为酋长制和封建及世卿制;升平世为一君主政,可分为君主制和君民共主制;太平世为民主政,可分为有总统和无总统两种。这就是"三世六别"理论。①通常,康氏在"三世"说之下挂搭的政治制度只有三种:乱世是君主专制,升平世是君主立宪制,太平世是民主共和。同时,梁氏自言"时时发'民权论',但微引其绪,未敢昌言"。②在《知耻学会叙》中,梁氏写道:"以吾中国四万万戴天履地含生负气之众、轩辕之胤、仲尼之徒、尧舜文王之民,乃伈伈俔俔,忍尤攘垢,腼然为妾、为奴、为隶、为牛、为马于他族,以偷余命而保残喘也。"③这虽然是在"民权"范围内,批判国民的劣根性,但带有挑动种族革命的意味,矛头直指满人的异族统治。康氏的主导思想是以君权来行变法,不从种族差别来立论。

由上可见,梁启超当时的思想还在康氏的樊篱之内。借助于梁氏的政论,维新派的变法主张得以传播天下,而梁氏也名重一时。但是,梁氏所取得的成就和影响,和康

---

① 梁启超:《论君政民政相嬗之理》,《饮冰室文集》之二,第7页。
② 梁启超:《清代学术概论》,第84页。
③ 梁启超:《知耻学会叙》,《饮冰室文集》之二,第67页。

氏密不可分，只是梁氏站在前台，而康氏则置身于后台。梁氏对此也心知肚明。当汪康年等鼓动其与康氏分道扬镳，梁氏非常自觉地维护其师，声言：

> 启超之学，实无一字不出于南海。前者变法之议（此虽天下人之公言，然弟之所以得闻此者，实由南海）未能征引（去年之不引者，以报之未销耳），已极不安。日为掠美之事，弟其何以为人？弟之为南海门人，天下所共闻矣。若以为见一康字，则随手丢去也，则见一梁字，其恶之亦当如是矣。①

"无一字不出于南海"虽然有些夸大，但此时梁氏基本是康氏思想的宣传者。宋恕对此很有见地："自中日战后，能转移天下之人心风俗者，赖有长素焉。何也？梁卓如以《时务报》震天下，使士夫议论一变，卓如之功；而亲为长素弟子，亦长素功也。"②这充分肯定了康、梁的学术和思想传承，指出康氏作为梁氏后台的意义。

1896年九、十月间，梁启超请假回粤省亲，后因与康氏等到澳门商办《知新报》事，直到十二月北返上海。在北返上海途中，在武昌曾和张之洞见面，婉然谢绝张之洞

---

① 丁文江、赵丰田：《梁启超年谱长编》，第65页。
② 孙宝瑄：《忘山庐日记》，上海人民出版社，2015年，第213页。

聘其为幕僚。

1897年二月，回到上海，继续担任《时务报》主笔。此时，时务报报馆内部积累的矛盾逐渐激化。先是黄遵宪不满于汪康年无法兼顾全局，想设立四人总董，制定办事规则，而汪康年反对，两人关系紧张。梁氏虽然支持黄遵宪，但也想法调解。很快，梁氏也因政治见解等原因与汪康年出现矛盾。而此年夏天，黄遵宪赴任湖南长宝盐法道，又代理湖南按察使。此时湖南巡抚是陈宝箴，支持变法，黄遵宪遂向其建议创办湖南时务学堂，以培植变法人才，并推荐梁氏担任学堂总教习。陈宝箴赞成此建议，并邀请梁氏到湖南。

梁启超接到邀请后，决定到湖南创办学堂，并兼顾为《时务报》写文章。梁氏的决定，与康党当时谋划湖南自立有关。康氏1901年致信赵曰生时，提及："因陈右铭之有志，故令卓如入湘……以湘人材武尚气，为中国第一，图此机会，若各国割地相迫，湘中可图自主。以地在中腹，无外人之干涉，南连百粤，即有海疆，此固因胶、旅大变而生者。"[1]胶、旅大变，指德国强占胶州湾事件，以及俄国强索旅顺大连。康党为应对万一列强瓜分中国时，可策划湖南自立，以保存中国。故而，在胶州湾事件后，

---

[1] 康有为：《与赵曰生书》，《康有为全集》第五集，第400页。

梁氏致信陈宝箴，游说其在湖南实行自立自保。①而为了达到使湖南自立，梁氏在赴湘前，即已和同人商定采用"急进法"，"以彻底改革，洞开民智，以种族革命为本位"为办学宗旨。②这是为湖南自立作人才和思想的准备。梁氏致信陈三立等时，就说："既拟举此一二年之日力心力专用于此间，则是欲多成就些人材出来。""今日救中国，下手工夫在通湘、粤为一气；欲通湘、粤为一气，在以湘之才，用粤之财，铁路其第一义也。"③所述"救中国"，即指湖南的自立。湖南若要自立，需要联通广东，这样才可以保障湖南的经济。

1897年秋，梁启超利用其中文总教习可选任中文分教习的权力，带同门韩文举、叶湘南到达湖南，让两人担任分教习，以便实行其"急进"的教学方式。到达湖南后，梁氏仿照《长兴学记》，拟订《条约》十条，以立志、养心、治身、读书、穷理、学文、乐群和摄生等八条为堂中每日功课，以经世和传教作为学成后的事业。所谓"传教"，指"传孔子太平大同之教于万国"，即宣传康氏改造的孔教。④梁氏又制订了各门功课详细章程，同时让学生

---

① 丁文江、赵丰田：《梁启超年谱长编》，第59—60页。
② 丁文江、赵丰田：《梁启超年谱长编》，第56—59页。
③ 丁文江、赵丰田：《梁启超年谱长编》，第57页。
④ 梁启超：《湖南时务学堂学约》，《饮冰室文集》之二，第23—29页。

作札记，由教师批答。当时学生有四十人，如蔡锷等。梁氏落实其宗旨，在讲课和批答中无所忌讳地向学生传授民权、平等、革命等思想，如就学生的札记作批语道："屠城屠邑，皆后世民贼之所为，读《扬州十日记》，尤令人发指眦裂。""议院虽创于泰西，实吾五经、诸子、传记随举一义，多有其意者。惜君统太长，无人敢言耳。"①这些批语攻击了清廷的异族统治，耸动学生的种族民族主义情绪，同时宣传民权、平等等主张，反对君主制度。由于学生放年假，将札记等带回家，这些批语被人发现并散播开去。这种过激的思想，激起了湖南乡绅王先谦等的反感，猛烈攻击梁氏等以无父无君的邪说教人，要驱逐梁氏等。而这些札记，戊戌变法时被御史黄均隆作为材料进呈来严劾陈宝箴、康有为等。无疑，梁氏的教学在湖南播撒了维新变法的种子。

1898年春初，梁启超在湖南得了大病，转至上海医治，二月由康广仁陪护到北京。到达北京后，刚好出现俄国强索旅顺、大连湾事件，在康氏的率领下，梁氏和麦孟华联合各省公车上书，要联英、日拒俄。三月，梁氏又协助康氏前后奔走开保国会的事。四月初，梁氏联合举人百余人，上书请废除八股取士制度。四月二十三日（6月11

---

① 宾凤阳等：《宾凤阳等上王益吾院长书》，《翼教丛编》，第146、147页。

日），光绪下《明定国是诏》，维新变法正式掀开帷幕。在整个变法过程中，梁氏主要协助康氏起草各种上书、法令等文书，就废除八股、开懋勤殿等发起一波波奏折攻势，并参与筹划游说袁世凯"围园弑后"的密谋。

此外，四月二十五日（6月13日），康氏代徐致靖侍郎拟写奏荐书，推荐梁氏，光绪命总理衙门召见。五月初十日（6月28日），总理衙门议复杨深秀四月十三日（6月1日）所上的《请筹款译书片》时，提出让梁氏在上海设立译书局；五月十三日（7月1日），提出"可否特赐召对之处，出自圣裁"。①五月十五日（7月3日），光绪为译书局事，在颐和园召见梁启超，并明发谕旨，赏给梁氏六品衔，负责办理上海官译书局和京师大学堂编译局。②

光绪撤掉礼部六堂官、开设懋勤殿等，引发慈禧太后的不满，再加上袁世凯的告密，慈禧太后于八月初六日（9月21日）实行训政，由后台走上前台。梁启超得悉政变和抄捕南海馆的消息后，当晚避往日本公使馆。八月初十日（9月25日），日本驻华公使林权助将梁氏交给恰巧在北京的日本天津领事郑永昌，二人化装成打猎的样子，逃到天津，再从天津逃往塘沽，搭乘日本军舰大岛号到日本。

---

① 国家档案局明清档案馆编：《戊戌变法档案史料》，中华书局，1958年，第160页。

② 茅海建：《从甲午到戊戌：康有为〈我史〉鉴注》，第524页。

由上可见，从甲午到戊戌，梁启超是康氏诸多活动的主要执行人，而尤为成功的是，主笔《时务报》时对康氏变法的宣传。

第三节　流亡后的分歧

梁启超流亡到日本后，初期和原来一样，继续追随康有为从事政治活动及舆论宣传。

梁启超登上日本战舰后即致函伊藤博文，请求其帮助光绪皇帝复权及救助被捕的人。到达东京后，又和日本总理大臣兼外务大臣大隈重信以及日本东邦会会长副岛种臣、副会长近卫笃麿联系，申明中国政变的实情，请求营救光绪皇帝。这和康有为的步调一致。但是，梁氏等在日本几次上书求救，只是一厢情愿的做法，毫无结果。这也表明自许懂西学的他们，根本不了解国际关系，对所谓国与国间的公理、公法存有幻想。

同年九月，康氏想取道日本赴美、英去求救兵，从香港到达日本，与梁启超等在东京会合。恰好此时正值日本政坛震荡，原来积极救助他们的大隈重信内阁倒台，成立了以山县有朋为首的新内阁。新内阁主张与慈禧太后为首的清廷合作，对保护和救助他们缺乏兴趣。而此前康氏流亡到香港时接受了当地最大的英文报纸《德臣报》（China Mail）的记者采访，大力攻击慈禧太后，将帝、后关系描述得非常僵，并称其奉光绪诏令到外洋求援。张之洞看到中文报刊对采访的摘译后，大为震怒，甚恐慈禧太后看到后对光绪更为不利，想方设法禁止报馆传播采访内容，并以日方期盼的中日两国军事合作为条件，要求日本政府驱逐康氏等。为此，日本政府于1899年二月礼送康氏出境，而梁氏则可留在日本。

由于求救受阻，梁启超此时想继续发挥个人舆论宣传的优势，接续《时务报》创办报刊，继续宣传变法，启蒙国民。1898年十月，梁氏与横滨商界策划创设报馆。十一月十一日（12月23日），《清议报》创刊。该报为旬刊，逢农历初一、十一、二十一日发行一册。梁氏将它定位为"国民之耳目""维新之喉舌"，并制定了四条宗旨：一、"维持支那之清议，激发国民之正气"；二、"增长支那人之学识"；三、"交通支那、日本两国之声气，联其情谊"；四、"发明东亚学术以保存亚粹"。[①] 在早期《清议报》中，梁氏陆续撰写了数篇有关戊戌政变的文章，后来合为《戊戌政变记》一书出版。其基调与康

---

① 梁启超：《〈清议报〉叙例》，《饮冰室文集》之三，第30—31页。

氏一致，都是"保皇斥后"，即将光绪塑造为英明的变法之君，将戊戌变法失败归咎于慈禧太后等顽固派的阻挠，并予以抨击。同时，梁氏还发表了《读〈春秋〉界说》《读〈孟子〉界说》等宣传康氏今文经学的文章，如认为"《春秋》为孔子改定制度以教万世之书"，[①]认为孟子于"六经"中最得力于《春秋》，传孔子大同之义，为孔学正派，而荀子主要是传经，所述为孔子小康之学。[②]

但是，康有为1899年赴美后，弱化了对梁启超的影响，梁氏的思想迅速发生变化，原本潜伏的与康氏的分歧迅速发展，日趋明晰，为后来两人的分途埋下了伏笔。

康、梁的分歧，最根本的原因是个性不同。梁氏后来以当事人的身份，曾剖析师徒两人的差别：

> 启超与康有为最相反之一点，有为太有成见，启超则太无成见。其应事也有然，去治学也亦有然。有为常言："吾学三十岁已成，此后不复有进，亦不必求进。"启超不然，常自觉其学未成，且忧其不成，数十年日在旁皇求索中。故有为之学，在今日可以论定；启超之学，则未能论定。然启超以太无成见之

[①] 梁启超：《读〈春秋〉界说》，《饮冰室文集》之三，第14页。

[②] 梁启超：《读〈孟子〉界说》，《饮冰室文集》之三，第17—18页。

故，往往徇物而夺其所守，其创造力不逮有为，殆可断言矣。[1]

所谓康氏"太有成见"，指其"万事纯任主观，自信力极强，而持之极毅"。[2]梁氏在1901年提出，"先生最富于自信力之人也，其所执主义，无论何人，不能摇动之。于学术亦然，于治事亦然。不肯迁就主义以徇事物，而每镕取事物以佐其主义，常有六经皆我注脚、群山皆其仆从之概"，并称康氏"受用于佛学者深矣"。[3]但如本书第一章所述，康氏的自信坚执，主要是其"圣人情结"在心理上的表现，而这情结的产生则是儒、佛共同作用的结果。通常，自信坚执的人往往是理想主义者，坚信个人的想法是最好的，并以此想法来观照和改造现实。康氏在某种意义上，恰是这样的理想主义者，试图按照自己设计的大同世界蓝图来指引人类的发展，并以其理想来裁剪事物，不肯迁就。而梁氏"太无成见"，不固执己见，容易受外界环境的影响和牵引。在学术上的体现，是求知欲特别旺盛，时刻注意不断吸取新的学术养分，在做事上则取现实主义，因时而变。梁氏最初以举人的身份师从无功名在身

---

[1] 梁启超：《清代学术概论》，第89—90页。
[2] 梁启超：《清代学术概论》，第78页。
[3] 梁启超：《南海康先生传》，《康有为全集》第十二集，第438页。

的康氏，就是被康氏思想和学问震动，激发其求知欲。

康、梁个性的差异，注定两人之间必然存在分歧。这种分歧很早就出现在梁启超协助康氏编纂《新学伪经考》。梁氏对考据学感兴趣，曾私下下过工夫，后又到学海堂接受训练，因而受考据学实事求是的精神影响甚深。梁氏在协编《新学伪经考》期间，"时时病其师之武断"，特别是"谓《史记》、《楚辞》经刘歆羼入者数十条，出土之钟鼎彝器，皆刘歆私铸埋藏以欺世。此实为事理之万不可通者"。但由于康氏坚执，梁氏只好作罢。毕竟这是细枝末节，"实则此书大体皆精当，其可议处乃在小节目"。①同时，康学也是梁氏在当时"学问饥荒"大环境中所能接触到的最具吸引力和创新性的新学术、新思想。因而，这些分歧并没产生太大的作用。

当1899年康有为离开日本后，有两件事对梁启超的思想产生了重要的影响：

第一，梁启超通过学习日语，可以自由阅读日译西书，接触到更广阔的思想世界。梁氏有着旺盛的求知欲，到日本后看到大量的日译西书，萌生出学日语的想法。当康氏离开后，梁氏与早其一年到日本的草堂同窗罗普到日本的箱根学习日文。两人本有很好的汉语功底，很快基于近代日文的特点，为精通汉字的中国人摸索出一套阅读日

---

① 梁启超：《清代学术概论》，第78页。

文的简易方法。据罗普记载："时任公欲读日本书，而患不谙假名，以孝高本深通中国文法者，而今又已能日文，当可融会两者求得捷径，因相研索，订有若干通例，使初习日文径以中国文法颠倒读之，十可通其八九，因著有《和文汉读法》行世。虽未美备，然学者得此，亦可粗读日本书，其收效颇大。"①当然，任何一种语言的学习都非易事，他们的方法只能粗略把握大意。但基于这套方法，梁氏自称在日本一年就"稍能读东文"。②梁氏对日语的逐步掌握，为其打开了通向另一个世界的大门。其"广搜日本书而读之，若行山阴道上，应接不暇，脑质为之改易，思想言论，与前者若出两人"。③其中，梁氏关注的西方人文社科类著作在近代中国很少译介，但在日本则非常多，大大满足了其求知欲。在《论学日本文之益》中，梁氏对比过中、日译书的差别："日本自维新三十年来，广求智识于寰宇，其所译所著有用之书，不下数千种，而尤详于政治学、资生学（即理财学，日本谓之经济学）、智学（日本谓之哲学）、群学（日本谓之社会学）等，皆开民智强国基之急务也。吾中国之治西学者固微矣，其译出各书，偏重于兵学艺学，而政治资生等本原之学，几无一书

---

① 丁文江、赵丰田：《梁启超年谱长编》，第115页。
② 梁启超：《三十自述》，《饮冰室文集》之十一，第18页。
③ 梁启超：《夏威夷游记》，《饮冰室专集》之二十二，第186页。

焉。"①通过大量阅读日译人文社科类西书,梁氏的知识和思想视野大大拓展,思想也随之而迅速变化,判若两人。特别是梁氏对西方自由主义和民权思想非常感兴趣,对穆勒倡导的自由主义及卢梭的《民约论》非常有共鸣,已远非康学可范围。

第二,梁启超受革命派的影响而渐渐赞成革命。此前康氏逗留日本期间,日人宫崎寅藏、平山周等想让革命派和康氏的维新派合作,居间牵线与调停。孙中山、陈少白等曾往访康氏,但康氏坚持借君权来行改革的想法,且对光绪的知遇怀有很强的感恩之情,并未与他们见面。当康氏赴美后,梁氏与孙中山等有所往来,梁氏在"务求国之独立"的原则下逐渐赞成革命思想。②据传,梁氏等曾想着撇开康氏,和孙中山商谈两党合作事宜,曾有江岛之盟。③

随着思想的变化,梁启超在《清议报》中的言论也发生了变化,最明显的是其后来撰写的系列文章所结集成的《自由书》。梁氏自言,书名即取自穆勒:"西儒约翰·弥勒曰:人群之进化,莫要于思想自由、言论自由、出版自由。三大自由,皆备于我焉,以名吾书。"④其中不

---

① 梁启超:《论学日本文之益》,《饮冰室文集》之四,第80页。
② 丁文江、赵丰田:《梁启超年谱长编》,第119页。
③ 丁文江、赵丰田:《梁启超年谱长编》,第119、208页。
④ 梁启超:《自由书》,《饮冰室专集》之二,第1页。

少内容鼓吹民权和自由，如："欧洲近世医国之国手，不下数十家，吾视其方最适于今日之中国者，其惟卢梭先生之《民约论》乎。"①提出开民智鼓民力的工具是自由，因为"自由者，精神发生之原力也"。②"言保全人者，是谓侵人自由；望人保全我者，是谓放弃自由。"③对于梁氏此时期的宣传，康氏颇为不满，曾屡次致信告诫梁氏不要宣传自由和民权，而梁氏则回信申辩。对于自由，梁氏说："来示于自由之义，深恶而痛绝之，而弟子始终不欲弃此义。""若夫自由二字，夫子谓其翻译不妥或尚可，至诋其意则万万不可也……要之，言自由者无他，不过使之得全其为人之资格而已。质而论之，即不受三纲之压制而已；不受古人之束缚而已。"而对倡民权，梁氏则说："夫子谓今日'但当开民智，不当言兴民权'，弟子见此二语，不禁讶其与张之洞之言，甚相关也。夫不兴民权则民智乌可得开哉……试观现时世界之奉耶稣新教之国民，皆智而富，奉天主旧教之国民，皆愚而弱……无他，亦自由与不自由之分而已……故今日而知民智之为急，则舍自由无他道矣。"④在梁氏眼中，要开民智，必须倡导自由、民权，而这恰与康氏用集权的君权行改革不一致。

---

① 梁启超：《自由书》，《饮冰室专集》之二，第25页。
② 梁启超：《自由书》，《饮冰室专集》之二，第36页。
③ 梁启超：《自由书》，《饮冰室专集》之二，第40页。
④ 丁文江、赵丰田：《梁启超年谱长编》，第153—154页。

285

1899年末，慈禧有废黜光绪帝的打算，舆论大哗。康有为虽然反对暴力革命，但在戊戌的紧急关头，也曾谋划策动袁世凯"围园弑后"，此次更坚定了其武力勤王的决心。此前1898年冬，谭嗣同的刎颈之交唐才常曾在日本见康有为，共同拟定在两广和长江流域起兵勤王，意图借助武力恢复光绪权力。1899年冬，唐才常回国组织活动。此时，徐勤等向时在新加坡的康氏去信，告知梁氏倾向革命，而且勤王需要大量资金，梁氏在美洲华人中具有很高的声誉，因而康氏就令梁氏到美洲筹款。由于梁氏的离开，与革命派的合作就暂告一段落。[①]梁氏为此次勤王运动用力甚多，不仅努力筹款、宣传，而且还对运动的具体操作出谋献策。唐才常原定于1900年七月二十九日（8月23日）计划起事，梁氏于七月二十六日（8月20日）由日本急往上海，准备策应，但是到达上海时，唐才常的汉口机关于七月二十七日（8月21日）败露，而唐氏稍后为张之洞捕捉。因汉口失败而无可补救，梁氏在上海稍作逗留后，往新加坡见康氏。后又应澳大利亚保皇会邀请，到澳大利亚游观半年。1901年四月，梁氏返回日本，继续主持《清议报》。

1901年冬，《清议报》刚出至第一百册，因报馆失火而停办。1902年正月，梁启超就在此报馆原址创办发行

---

① 丁文江、赵丰田：《梁启超年谱长编》，第119页。

《新民丛报》。这引起学者对报馆失火是否属实的质疑。①不论如何，失火并非创办新刊物的充分理由，更重要的是梁氏此时的办报宗旨已发生改变，要通过创办新报来改旗易帜。在《清议报》发行第一百册时，梁氏曾总结其特色是"广民智，振民气"，其中"倡民权"被作为四个具体要点的第一个，并提出"始终抱定此义，为独一无二之宗旨"。②这反映出《清议报》的宗旨前后不一致，前期重"保皇"，后期倡民权、自由。而梁氏由于经历了唐才常等的被杀和《辛丑条约》的签订，对清政府已经失望，此时又受伯伦知理国家学说等的影响，发展出自己的国家思想，再由国家勾连出"民""民权""民族"等概念，希望更多地进行兴民权、开民智的工作，为未来新中国塑造合格的国民，亦即"新民"问题。《清议报》已无法容纳此宗旨，即使原报馆没有失火，梁氏都会创办新报刊来落实其宗旨。

---

① 杜新艳在《〈清议报〉停刊考》（《云梦学刊》2008年第5期）中质疑报馆失火是否属实。

② 另外三个是："二曰衍哲理。读东西诸硕学之书，务衍其学说以输入于中国。""三曰明朝局。戊戌之政变、己亥之立嗣、庚子之纵团，其中阴谋毒手、病国殃民，本报发微阐幽，得其真相，指斥权奸，一无假借。""四曰厉国耻。务使吾国民知我国在世界上之位置，知东西列强待我国之政策。"见梁启超：《〈清议报〉一百册祝辞并论报馆之责任及本馆之经历》，《饮冰室文集》之六，第54页。

值得注意的是，正是在《清议报》第一百册上，梁氏刊发了其撰写的《南海康先生传》，这是第一篇对康氏作整体研究的专文。当时康氏还不到五十岁，梁氏即对其师作整体评价，有点不同寻常。虽然全文总体上高度评价了康氏的思想，但亦有不少批评，如：认为康氏的教育只重视"个人的精神"和"世界的理想"，缺少"国家主义"，因而无法"操练国民以战胜于竞争界"，这意味着康氏的"保皇"主张及大同思想不适用于当下讲求国家竞争的社会，予以否定；认为康氏效力于国民的最重要事业是建构孔教，但"泰西历史家，论近世政治学术之进步，孰不以宗教改革之大业为一切之原动力乎"，明确宗教与思想自由相背，梁氏委婉地说"后有识者，必能论定此公案也"，即将此评价交由后世论定。这实质是否定了康氏推动孔教的工作。最后，梁氏对康氏的定位是"现今之原动力，将来之导师"，"顾吾中国不患无将来百千万亿之大政治家、大外交家、大哲学家、大教育家，而不可无前此一自信家、冒险家、理想家之康南海"。[①]耐人寻味的是，此文发表在《清议报》停办而《新民丛报》创办之际。梁氏的安排似乎要以此文厘清其与康氏思想的关系，告别康氏。

[①] 梁启超：《南海康先生传》，《康有为全集》第十二集，第422—439页。

第四节　分途而行

梁启超在日本创办的《新民丛报》，宗旨从《清议报》的"保皇"转向"新民"，以其具有魔力的"时务体"鼓吹自由、民权，批判传统的观念，意图形塑建立近代民族国家所需的新中国国民。梁氏的"新民"说，最重要的是以民族主义和国家主义为核心，倡导新道德。而在新道德中，最关注的是公德和自由。公德和私德相对，私德指"一私人对于一私人之事"，而公德指"一私人对于一团体之事"，是"人群之所以为群"所在，即将民众凝结成为国民的关键所在："知有公德，而新道德出焉矣，而新民出焉矣。"①自由，梁氏称它是"天下之公理，人生之要具，无往而不适用者也"，但主要指向"团体之自由，非个人之自由"。这是由于梁氏更关注的是国家，而

---

① 梁启超：《新民说》，《饮冰室专集》之四，第12—15页。

非个体的权利。尽管梁氏也谈到个体自由,但关注的是"自除心中之奴隶",即不做古人、世俗、境遇、情欲的奴隶。①这与其开民智相关,并非要保障个体的权利。同时,还不时鼓吹革命。如1902年《释革》明确说:"此所以Revolution之事业(即日人所谓革命,今我所谓变革),为今日救中国独一无二之法门。不由此道而欲以图存、欲以强国,是磨砖作镜、炊沙为饭之类也。"②梁氏后来回忆说,其"日倡革命排满共和之论,而其师康有为深不谓然,屡责备之,继以婉劝,两年间函札数万言"③。最终迫使康氏于1902年公开发表《答南北美洲诸华商论中国只可行立宪不能行革命书》《与同学诸子梁启超等论印度亡国由于各省自立书》,反对革命、各省自立,强调中国只可行立宪。

而更重要的是,梁氏在学术思想学上脱离了康学的范围。此前的《清议报》,梁氏还较多宣传和使用康氏的今文经学,但到了《新民丛报》,已不宣传和使用今文经学,此即梁氏自言"自三十以后,已绝口不谈'伪经',亦不甚谈'改制'"。④与此同时,梁氏公开发表《保教非所以尊孔论》,开篇即写道:"近十年来,忧世之士,

---

① 梁启超:《新民说》,《饮冰室专集》之四,第40—50页。
② 梁启超:《释革》,《饮冰室文集》之九,第42页。
③ 梁启超:《清代学术概论》,第86页。
④ 梁启超:《清代学术概论》,第86页。

往往揭三色旗帜，以疾走号呼于国中，曰保国，曰保种，曰保教。其陈义不可谓不高，其用心不可谓不苦。若不佞者，亦此旗下之一小卒徒也。虽然，以今日之脑力眼力，观察大局，窃以为我辈自今以往，所当努力者，惟保国而已。"①所谓"忧世之士"，一望可知所指为康氏，"三保"正是康氏创办保国会的口号。在文中，梁氏认为"三保"只需保国，反对保教，直指康氏设孔教会、定孔教为国教的主张。梁氏的核心理据之一，就是诉诸其向往的自由，认为设立孔教将束缚国民思想：从历史来看，由于汉代独尊孔教，造成所有中国人的精神都被束缚于孔子之上，"守一先生之言，其有稍在此范围外者，非惟不敢言之，抑亦不敢思之，此二千年来保教党所成就之结果也"。而"今日之言保教者，其道亦稍异于昔，彼欲广孔教之范围也。于是取近世之新学新理以缘附之，曰：某某者，孔子所已知也；某某者，孔子所曾言也……是所爱者仍在孔子，非在真理也。万一遍索之于'四书''六经'，而终无可比附者，则将明知为铁案不易之真理，而亦不敢从矣……故吾最恶乎舞文贱儒，动以西学缘附中学者，以其名为开新，实则保守，煽思想界之奴性而滋益之

---

① 梁启超：《保教非所以尊孔论》，《饮冰室文集》之九，第50页。

也"①。众所周知,康氏的孔子改制说就有颇多中西比附的内容。梁氏此处是不点名批评康氏。当然,作为康氏的弟子,梁氏对康学宣传不少,因而其题记自称"所谓我操我矛以伐我者也",②展现其自我批评的勇气。这表面是在学术思想上以现在之我清算过去之我,实即批判影响其过去学术思想的康氏孔教论。

由上可见,由于梁启超已经放弃或批判了"伪经""孔子改制"及"孔教"等康氏的核心理论,同时认定康氏的大同思想不适于当下竞争的社会,实即宣告了两人在学术思想上将分途而行。梁氏后来说得更明确:

> 中国思想之痼疾,确在"好依傍"与"名实混淆"……康有为之大同,空前创获,而必自谓出自孔子。"及至孔子之改制,何为必托古?诸子何为皆托古?则亦依傍混淆也已。此病根不拔,则思想终无独立自由之望。启超盖于此三致意焉。然持论既屡与其师不合,康、梁学派遂分。③

---

① 梁启超:《保教非所以尊孔论》,《饮冰室文集》之九,第55—56页。
② 梁启超:《保教非所以尊孔论》,《饮冰室文集》之九,第50页。
③ 梁启超:《清代学术概论》,第89页。

这即以独立自由的想法，从思维方式或方法上完全否定了康氏。正是由于这一差别，两人无法达成共识，遂使康、梁在学术思想上分派。

然而，梁启超当时并没有完全公开摆脱康有为，毕竟梁氏所处的时代颇重师生之情。当康氏以病向梁氏施压不可言革命，梁氏"迫于救长者之病"而有所收敛，①尽管其1902年心中还是认为当时的中国除了革命之外，没有别的出路。1903年春，梁氏应美洲保皇会之邀，游历美洲，主要目的"一以调查我皇族在海外者之情状，二以实察新大陆之政俗"。②十月，梁氏回到日本，可能由于见闻日多，历练加深，思想上出现变动，放弃了原持有的"破坏主义"和"革命排满"主张："自癸卯（1903）甲辰（1904）以后之《新民丛报》专言政治革命，不复言种族革命，质言之，则对于国体主维持现状，对于政体则悬一理想，以求必达也。"③此后，梁氏在政治主张上与康氏大体保持了同一步调，逐步疏远种族革命的主张。在1904年到1905年发生的保皇派与革命派之间关于"民权"和"革命"的论战中，梁氏就作为保皇派的喉舌而参与论战。此后，各地保皇会曾先后邀请梁氏，而梁氏也予以赴约。

康、梁的公开决裂，发生在张勋复辟期间。康有为由

---

① 丁文江、赵丰田：《梁启超年谱长编》，第210页。
② 丁文江、赵丰田：《梁启超年谱长编》，第203页。
③ 丁文江、赵丰田：《梁启超年谱长编》，第196页。

于看到辛亥后虽然建立了中华民国，但军阀争战不已，乱象丛生，因而希望复辟。在1916年4月，康氏在《上海周报》上发表《为国家筹安定策者》，公开主张溥仪复辟。而梁启超则拥护共和，1912年10月回到国内，很快就加入熊希龄内阁，成为司法总长，以建设新生的中华民国。对梁氏而言，共和是几经流血牺牲才争取得来的成果，需要捍卫。梁氏看到康氏的那篇文章，当时身在广西讨袁军营中，立即撰写《辟复辟论》，刊于1916年5月5日的《时事新报》。此文直言在讨袁时主张溥仪复辟者不见其起而为溥仪请命，而在事后突发论调，"吾既惊其颜之厚，而转不测其居心之何等也"。[①]但是，康氏没听从梁氏的忠告，仍积极参与谋划复辟。

1917年，时任总理的段祺瑞和大总统黎元洪围绕是否参加一战等问题而上演"府院之争"。段祺瑞受日本支持，要求参战，而黎元洪受美国支持，反对参战。黎元洪在国会的支持下免去段祺瑞的总理职务。段祺瑞回到天津组织各省督军，成立"军务总参谋处"，扬言另组临时政府。6月，在黎元洪的同意下，张勋率辫子军五千人，以调解的名义入京。6月底，张勋入京后，先是胁迫黎元洪解散了国会，继而于7月1日请溥仪复位。梁氏得知消息后，于7月1日发表

---

① 梁启超：《中国沉思：梁启超读本》，内蒙古大学出版社，2008年，第199页。

《反对复辟电》，以其在舆论界的巨大影响力来反对张勋复辟。该文直接指出："此次首造逆谋之人，非贪黩无厌之武夫，即大言不惭之书生，于政局甘苦，毫无所知。"①前者指张勋等，后者即指康有为。段祺瑞于7月4日在天津马厂誓师，以"再造共和"之名组织"讨逆军"。梁氏予以大力支持，充当段祺瑞的幕僚，为其撰写讨伐张勋的文书，其中发表的《讨逆檄》，内有"当日是夜十二时，该逆张勋，忽集其凶党，勒召都中军警长官二十余人，列戟会议，勋叱咤命令，迫从雷同。旋即挈康有为闯入宫禁，强为拥戴"，②将张、康的罪名并提。

张勋复辟的闹剧很快收场。7月12日讨逆军攻入北京，溥仪再次宣布退位。7月17日，北洋政府通缉康有为等"复辟犯"。而康有为则于7月8日躲入美国领事馆，作诗骂梁氏背叛："鸱枭食母獍食父，刑天舞戚虎守关，逢蒙弯弓专射羿，坐看日落泪潸潸。"并自注："此次讨逆军发难于梁贼启超也。"③尽管康氏出于不忍看到民国初出现的乱象而有心救世，但明显逆历史潮流而行，而且其在复辟中

---

① 梁启超：《反对复辟电》，《饮冰室文集》之三十五，第17页。
② 转引自丁中江：《北洋军阀史话》第二卷，商务印书馆，2017年，第430页。
③ 刘太希：《记康有为先生》，《追忆康有为（增订本）》，第367页。

也被排挤,即使复辟成功也不可能有作为。这表明梁氏的做法是对的。

在复辟事件中,康、梁公开对垒,两人的政治主张已无法再弥合,但梁氏仍对康氏执弟子礼。事件过后,梁氏曾登门赔罪,康氏不加理睬。经刘海粟等弟子从中斡旋,两人关系逐渐缓和。1922年,康有为原配夫人张元珠去世,梁氏亲往吊丧。1923年,梁氏从欧洲回来不久,得悉康氏生病,前往探视,打破了师生之间多年的僵局。同年五月,康氏漫游到天津,梁氏致书邀请其到北京翠微山小住。两人多次通信,至少有两度会晤。

1927年,康氏七十大寿,梁氏因事未到,但送来了寿联和寿文。梁氏的寿联为"述先圣之玄意,整百家之不齐,入此岁来已七十矣;奉觞豆于国叟,致欢欣于春酒,亲受业者盖三千焉",将康氏比作圣人孔子,深得其喜爱。

1927年,梁启超得悉康氏去世后,立即汇数百元以供康家用度,并与其他康门弟子公祭康氏。

梁启超所写的《公祭康南海先生文》,高度评价了康氏一生,指出康氏"思托古以改制、作新民而迈进,爰有奇书,书曰《大同》……凡今世学子稗贩以相诧之新学说,皆我师三十年所尝瞑索而精斠",《大同书》"后有作新中国史者,终不得不以戊戌为第一章",同时也从坚持报光绪知遇之恩的角度为康氏参加复辟辩解,"宁冒天下之大不韪，而毅然行吾心之所以自靖。斯正吾师之所以大过人，抑亦人纪之所攸托命，任少年之喜谤，今盖棺而论定"。①

1920年以后，梁启超逐渐离开政界，专心从事著述和讲学活动，先后在南开大学、清华学校等处任教、任职。1928年，梁氏因痔疾及血尿病入北平协和医院医治。1929年1月19日病情恶化，抢救无效，不幸逝世，终年五十七岁。

---

① 梁启超：《公祭康南海先生文》，《饮冰室文集》之四十四（上），第29—30页。

结语：作为近代启蒙先锋的康梁学派

  康有为所处的清末民初，是中国从传统向近代转型的重要时期。其时，传统中国的大门已被炮火轰开。中国已被深深地卷入世界历史中，正面临着"四千年之变局"。可是，国人普遍对西方世界了解不多，处于西学的"学问饥荒"中："盖当时之人，绝不承认欧美人除能制造能测量能驾驶能操练之外，更有其他学问，而在译出西书中求之，亦确无他种学问可见。"[①]由于未能了解外面的世界，绝大多数国人还沉浸在天朝大国的美梦中，并未意识到眼前的危机。

  康有为则在"圣人情结"的推动下，早年确立了"务致诸生于极乐世界"的远大志向。在游历西人治理下的香港、上海后，他被眼前的繁荣景象震撼，敏锐发现西学也

---

① 梁启超：《清代学术概论》，第97页。

有其殊胜之处,摆脱了传统"夷夏之辨"的束缚,进而大攻西学。尽管他不懂西文,而当时的中译西书不多,但凭借其中学"妙悟"西学,获得了一般人所无法具备的世界眼光,形成了融学术和社会政治于一体、"不中不西即中即西"①的思想体系:在学术上,他在前人辨伪的基础上扫荡古文经学,以今文经学为理论框架,并吸纳近代的政制及价值理念来重建孔教,企图使传统儒学能够继续发挥范导人类社会发展的作用,对抗外来的西方宗教;在社会政治上,他意图仿效西方(前期主要以日本为样板,后期转向英国),在中国实现君主立宪。为落实其理念,他在广州万木草堂作育人才,并率领梁启超等弟子倡导变法。由于他的不懈努力,后来获得光绪帝的赏识,以主导者的身份推动晚清的维新变法,希望逐步实现君主立宪。其做法偏于激进,未能广泛联结当时变法的力量,同时寄希望于无实权的光绪,根本无法对抗以慈禧太后为首的保守派,维新变法很快失败。他流亡海外后,周游列国以寻找救国良方,辛亥前后提出"虚君共和",一面推动孔教运动,一面为落实其"虚君共和"主张而参与张勋复辟。张勋复辟的失败,致使原本发展迅猛的孔教运动遭受重创。他此后系统阐发"天游之学",试图与《大同书》的制度建构相配合,以便济世救民。

---

① 梁启超:《清代学术概论》,第97页。

纵观康有为一生,其济世救民之心无疑真诚,其立足于传统文化以实现国家富强之心基本一贯,但时人对他的前后看法则颇为不同。钱穆就说:"盖当前清时力主维新,举国目之为狂,至是力主守旧,举国又目之为怪云。"①晚清时的"狂",意指其维新思想和做法具有激进性;民国后的"怪",更多指其倡导"虚君共和"而显得保守。这种截然不同的评价,主要与近代中国社会急剧变化致使评价标准快速转换相关,尽管他后期不如前期激进,但落差其实不算太大。如从事后之明来看,他前后期的思想对近代中国都有着不同的意义。

康有为前期思想对近代中国的影响非常重大,并形成了康梁学派。康梁学派大致可从梁启超1890年师从康有为算起,按梁启超的自述,由于其持论屡与康有为不合,于1902年后分裂。在康梁学派存续的十来年中,康有为提供其原创思想,而梁启超主要是追随并大力宣传鼓吹他的思想。他们一起开学会、办报刊、设博物馆(书藏)等,尤其是梁启超通过其"条理明晰,笔锋常带情感"的文论,② 使得康学在社会中得到广泛的传播。

要理解康梁学派对近代中国的影响和意义,需要了解近代中国社会思想的整体变迁。对此,梁启超1922年撰写

---

① 钱穆:《中国近三百年学术史》,第703页。
② 梁启超:《清代学术概论》,第86页。

了《五十年中国进化概论》一文,将近代中国社会思想的变迁概括为"三期",并作了自我定位:第一期是"先从器物上感觉不足",向西方学习器物之学,所指为曾国藩等主导的洋务运动;第二期是"从制度上感觉不足",向西方学习政制,所指为康梁等的变法维新;第三期是"从文化根本上感觉不足","要求全人格的觉悟",所指为新文化运动。①梁氏的概括就具体思想家而言虽可有商榷,毕竟思想家的思想往往具有前瞻性,如郑观应在《盛世危言》中已提出"立宪法""开议会",含有一定的政制意味,但就社会整体而言,基本准确。梁氏将康梁学派作为制度层面的代表,无疑把握住了康梁学派的重心。康有为对"变事"与"变法"的区分,将统筹全局的政制变更作为变法的内容,可看到其对政制的关注;梁氏著名的《变法通议》,尽管重在文化教育,但是服务于政制变革。但需要注意的是,倡导政制必然涉及价值,因为政制需要以价值理念作为基础,不可能离开价值而独立自存。因而,康梁在倡导政制变革时,也鼓吹平等、自立(由)、民权等价值,以支持其追求的政制。康有为曾自称"仆在中国实首创言公理、首创言民权者"。②此处的所谓"公理",

---

① 梁启超:《五十年中国进化概论》,《饮冰室文集》之三十九,第43—45页。

② 康有为:《答南北美洲诸华商论中国只可行立宪不能行革命书》,《康有为全集》第六集,第314页。

指普遍性的理则和价值，包括平等、自主等内容。①尽管其说有夸张之处，"民权"显然非其"首创言"，但可以看到，他也在倡导近代的价值理念，特别是其"公理"就溢出了制度的范围。

除了康梁自身的说法之外，时人苏舆则从保守派的立场概括了康梁学派的"罪状"："伪六籍，灭圣经也；讬改制，乱成宪也；倡平等，堕纲常也；伸民权，无君上也；孔子纪年，欲人不知有本朝也。"②这从另一侧面总结了康梁学派对当时社会思想的冲击。除了"倡平等""伸民权"之外，所说的"伪经"、孔子改制、孔子纪年，都与康有为的孔教理论相关。这表明其经学带有很强的颠覆性。康有为对古文经典的整体怀疑，让诸子和孔子一起参与创教改制，尽管主观意图仍是尊经尊孔，但客观上却冲击了尊经尊圣的传统思想；所阐发的"三世三统"说，则以孔子的名义破除了"天不变，道亦不变""祖宗之法不可变"的顽固守旧思想，展现出制度需因时而变、不断向前发展的社会政治图景。他的本意是重塑经学的权威，但在一定程度上起到了瓦解传统经学的作用，使时人不再盲从于经学的权威。后续顾颉刚、钱玄同等的"古史辨"运动就受到他的启发。

---

① 马永康：《康有为与"公理"》，《中山大学学报（社会科学版）》2009年第3期。

② 苏舆：《序》，《翼教丛编》，第1页。

尽管康梁学派所宣传的政制及价值理念等大多不是首倡，但由于他们采用了开学会等形式，更重要的是采用了报刊这一重要媒介，使得相关理念得到了广泛的传播，所产生的社会效应非早前思想家所可比拟。这些主张和思想，以变革政制为重心，连同平等、自主等价值理念，有力地冲击了传统的君主集权制度，开通了社会思想风气。朱执信、吴玉章、林伯渠、柳亚子、陈独秀、鲁迅、郭沫若等一大批知识分子都曾受到康梁思想的洗礼。

综上可见，尽管康梁学派存续的时间不长，但他们沿着洋务运动时期学习西方的路向，从器物层面转进到政制层面，并连带较广泛宣传了平等、自主等价值，起到了近代启蒙先锋的作用。后续的新文化运动，则接续着康梁学派在文化层面上作了更激烈的推进。

此外，需要注意的是，康有为在康梁学派分裂后所提出的主张和思想，虽然被认为保守，但其意义也不可低估。比如他前后期均致力的重建孔教理论，其主要意图是解决传统儒学与现代性的问题。在他看来，任何国家的富强、繁荣都需要植根于传统文化，离开传统文化的富强是不可想象的。这一想法无疑具有先见性。传统一经形成，就先在于群体并潜移默化地塑造着群体，因而不同群体有着不同的特性。历史表明，无视这些特性而企望照搬别国的政治制度，往往无功而返。当然，这不是倡导简单地回到他的孔教理论，而是要回到他的思考路径上：如何基

于传统文化来实现现代化。这也是现代亟需解决的问题。就此而言,康有为作为最早系统处理这一问题的近代知识分子,其具体思考不一定完全合理,但应可作为解决这一问题的经验借鉴。为此,他的后期思想也不应被贴上"保守"标签而轻视。

康有为年谱简编

康有为（1858—1927），曾名祖诒，字广厦，号长素；戊戌变法运动失败后，改号更生、明夷等；参与张勋复辟活动失败后，再改号更甡；晚年又改号天游叟、天游化人等。广东南海人，世居于南海西樵山北的银塘乡（又名苏村、银河里、西樵里），人称"康南海"。

祖赞修（1806—1877），又名以乾，号述之，道光举人，曾任钦州学正，合浦、灵州、连州训导，妻陈氏。父达初（1831—1868），字植谋，号少农，江西补用知县。母劳连枝（1831—1913），南海劳边村人。叔祖国器（？—1884），初名以泰，字交修，从军出身，历任江西赣县桂源司巡检、按察使、广西布政使、护理巡抚等职。

清咸丰八年戊午（1858）一岁

二月初五（3月19日），生于南海县银塘乡敦仁里祖居老屋。

康有为为康赞修长子康达初和劳莲枝的长子,排行第三,前有二姐(大姐四岁夭折,二组逸红)。康赞修在钦州学正任上,为其取名"有钦",未能及时递达,用伯祖父康学修先取的"有为"名。其父达初在家授徒。

清咸丰十年庚申(1860)三岁

九月,三妹琼琚生。

清同治元年壬戌(1862)五岁

诸叔伯教读唐诗,能诵数百首。

其父达初从征蓝山。

清同治二年癸亥(1863)六岁

从番禺学者简凤仪(侣琴)读《大学》《中庸》《论语》并朱注《孝经》。诸叔伯出联"柳成絮",答以"鱼化龙"。

九月,四妹顺介生。其父达初从征闽中。

清同治三年甲子(1864)七岁

从番禺学者简凤仪学习。

祖父康赞修钦州学正俸满,候教授缺归。父达初平复闽中,取道嘉应还家。

太平天国天京陷落。历时十五年的太平天国革命运动失败。

清同治四年乙丑（1865）八岁

跟从康赞修在广府学宫孝弟祠讲学。岁晚，从父辈康达棻在孝弟祠后学为文。

清同治五年丙寅（1866）九岁

侍从康赞修修《南海县志》，居南海学宫志局。从陈鹤侨、梁舜门学。始游西樵山，并陪同康赞修游玩镇海楼、五羊观、蒲涧寺等地。

是年康国器回乡，兴土木之工。

清同治六年丁卯（1867）十岁

康赞修补连州训导，还乡从简凤仪学《易》《礼》及为文等。

六月十三日（7月14日），康有溥（字广仁）生。康达初患病咳重症，未能赴任江西知县。

清同治七年戊辰（1868）十一岁

正月二十日（2月13日），父康达初卒，遗训立志勉学，教以孝亲，友爱姊弟。三月后，跟从祖父赞修到连州，学习文史典籍。阅读邸报，渐知朝廷政事。

清同治八年己巳（1869）十二岁

在连州官舍与诸生论文谈事，博览群书。康赞修携他游观，教以圣贤之学、先正之风，产生了以古人为榜样的志向。时作诗文，不喜八股制艺。

清同治九年庚午（1870）十三岁

七月，随祖父康赞修回广州。九月，被祖父送到陈莘生处学八股文（广州西门外第三甫桃源）。看到广州的繁华，与友朋四处游玩，未及学问。

清同治十年辛未（1871）十四岁

被送回银塘乡，从康达节学为文，读书于康国器所筑的澹如楼、二万卷藏书楼中。是年始就童子试，不售。

二姐康逸红嫁给罗铭三，未满月守寡。

清同治十一年壬申（1872）十五岁

在乡从杨学华（字仁山）学为文，再应童子试，不售。被督责为八股小题文，仍泛观说部、集部、杂史。

清同治十二年癸酉（1873）十六岁

移学灵洲山之象台乡，仍从杨学华学为文。曾欲应乡试，因病未能行。岁中还乡，从张公辅（字赉臣）学为文，并时到广州（康赞修任羊城书院监院）。厌弃八股文，受诸叔伯诘责，因为文不俗，为赞修称许，不深责。岁暮社学征文，一日成文六篇，均获奖。

清同治十三年甲戌（1874）十七岁

居乡，从康达节学，好为纵横之文。始见《瀛环志略》及地球图等图书，初步了解国际形势。

清光绪元年乙亥（1875）十八岁

到广州陪侍康赞修，师从吕拔湖学文。在祖父督责下，专学八股。

慈禧太后垂帘听政，恭亲王奕䜣辅政。

清光绪二年丙子（1876）十九岁

应乡试不售。始到九江礼山学堂师从岭南著名学者朱次琦（字子襄）学习。日读宋儒书及经说、小学、史学、掌故辞章。

十二月，与张云珠成亲。

清光绪三年丁丑（1877）二十岁

继续师从朱次琦学习。

四月，三妹琼琚嫁给西城冈乡游湘琴。五月，连州水

灾，康赞修回连州办理当地考试事务，恰逢连州水灾，不幸遇难，终年七十一岁。

清光绪四年戊寅（1878）二十一岁

继续从朱次琦受学，攻《周礼》《仪礼》《尔雅》《说文》《水经》之学，及诵《楚辞》《汉书》《文选》及杜甫诗等。面询朱次琦，提出韩愈等道术浅薄，遭朱笑责。后读《四库提要》，发现考据学无法解决安心立命问题，静坐而有神秘体验，飞魔入心。冬，辞别朱次琦。

同年冬，长女同薇生。

清光绪五年己卯（1879）二十二岁

正月，入西樵山，居白云洞，专讲道佛经典，习五胜道。与翰林院编修张鼎华（字延秋）相交。秋，因诸叔伯令就乡试，出山还乡，居澹如楼。十一月，初游香港，始知西人治国有法度，开始购读西学之书。

清光绪六年庚辰（1880）二十三岁

居乡授有铭、有溥、有霈读书。研究《说文》《皇清经解》等古文经学，曾著《何氏纠缪》。

十二月，次女同璧生。

清光绪七年辛巳（1881）二十四岁

在乡读书，精研唐宋史及宋儒之书，七月臀起核刺。春，陈澧弟子陈庆笙来访。

清光绪八年壬午（1882）二十五岁

朱次琦卒，与诸弟子营丧。五月，至北平应顺天乡试，不第。购碑刻，讲金石之学。归途经上海，见上海繁盛，尽释故见，大购西书以归。十一月还家，大讲西学。

清光绪九年癸未（1883）二十六岁

在家读《东华录》、国朝掌故、购《万国公报》等，研究中西制度，并学习物理、化学等。在家乡和区谔良创办不裹足会，令两女及侄女不得裹足。

清光绪十年甲申（1884）二十七岁

春夏间，居广州城南板箱巷，于海幢、华林读佛典，并涉猎西学；秋后，还乡居澹如楼。十二月，所悟甚多，如大小齐同，要入世"救众生"。

三女同结生，数日殇。

清政府对法国宣战，中法战争开始。

清光绪十一年乙酉（1885）二十八岁

学习算学。上半年患头痛，著《人类公理》，创试西药，于七月病愈。参加乡试，不售，因策问考题知沈刑部子培。还居西樵山白云洞高士祠养病，适张鼎华试闱过粤，过从甚密。

四女同完生，数月殇。

清政府向法国屈服，承认越南归属法国。清政府与日本政府订立《天津会议专条》，承认朝鲜为"中日公共保护国"。

清光绪十二年丙戌（1886）二十九岁

春、秋居广州，请张鼎华向两广总督张之洞建议开局译西书。五月，复居澹如楼，为天文历法。是年著《康子内外篇》《公理书》《教学通议》《韵学卮言》。

清政府与英国订立《缅甸条款》，承认英国吞并缅甸。

清光绪十三年丁亥（1887）三十岁

春居广州花埭之恒春园，三月还乡居澹如楼。八、九月游香港，十一月游肇庆七星岩。是年写《人类公理》《民功篇》《内外篇》。

清光绪十四年戊子（1888）三十一岁

春夏居花埭，读佛典。五月赴北平应顺天乡试，不第。八月游明陵，单骑出居庸关，登万里长城，出八达岭，还游汤山。九月，游西山。十月，值马江败后，递《上清帝第一书》。不得上达，徙居北京宣武门外南海会馆的汗漫舫，欲撰《广艺舟双楫》。九、十月为屠仁守草请开言路折、铸银钱折，十二月由屠递上。十二月十五日（1889年1月16日）太和门失火，代屠仁守草折，请停颐和园工、请醇邸不预政事、罢免宰相、责李莲英。

清光绪十五年己丑（1889）三十二岁

春夏在京，撰《广艺舟双楫》。九月出京，从杭州至苏州，入九江，游庐山，至武昌、汉阳。十二月还粤，居广州。

四月，三妹琼琚卒，享年二十九岁。

日本公布宪法。

清光绪十六年庚寅（1890）三十三岁

春居广州之徽州会馆，既而移居云衢书屋。与今文学家廖平相晤，颇受启发。三月陈千秋来见；八月梁启超来见，均教以孔子改制等，二人均来受学。九月，石星巢延教冬课于广府学宫孝弟祠。是年撰有《婆罗门教考》《王

制义证》《毛诗伪证》《周礼伪证》《说文伪证》《尔雅伪证》等。

清光绪十七年辛卯（1891）三十四岁

始于长兴里开堂讲学，著《长兴学记》，"讲中外之故，救中国之法"。七月，在陈千秋、梁启超协助下，刻成《新学伪经考》。与朱一新来往辨难。本年来学者，有韩文举、梁朝杰、曹泰、王觉任、麦孟华、徐勤、陈和泽、林奎、潘茨鉴等。

清光绪十八年壬辰（1892）三十五岁

移学堂于粤城卫边街邝氏祠，学者渐众，用孔子纪年，乐歌祀孔。正月，龙泽厚来学。邓铁香延其教惠州尚志堂书院，因邓卒未赴。和弟子编纂《孔子改制考》（从1886年始属稿）编次甚多。撰《史记书目考》《孟子大义考》《墨子经上注》，编《魏晋六朝诸儒杜撰典故考》等。

清光绪十九年癸巳（1893）三十六岁

仍讲学于卫边街，冬迁草堂于广府学宫仰高祠。是年应乡试，中式第八名。和陈千秋参与乡同人团练局攻张乔芬事。是年编书甚多，编《三世演孔图》未成，著《孟子为公羊学考》《论语为公羊学考》。

清光绪二十年甲午（1894）三十七岁

二月十二日（3月18日）与梁启超同入京会试。五月六日（6月9日）下车伤足，遂南归，六月到广州。七月，观察余晋珊（联沅）参其"非圣无法，惑世诬民，较之华士、少正卯，有其过之，无不及也……岂可容于圣明之世"，请焚《新学伪经考》并禁士人从学。因李瀚章回护，令自行焚毁。八月游罗浮山，九月归复讲学。十一月游广西桂林，盘桓四十日，刻记于党人碑、康岩、素洞，著《桂学答问》。是年著《春秋董氏学》《孔子改制考》。

中日战争爆发，清朝北洋海军覆灭。孙中山在檀香山组织兴中会。

清光绪二十一年乙未（1895）三十八岁

二月初一（2月25日），自广西归至广州。二月十二日（3月8日），偕梁启超、梁小山入京会试。时旅顺失陷，清廷派大学士李鸿章为全权代表到日本求和，签订《马关条约》。与梁启超鼓动士人，三月二十八日（4月22日），广东和湖南两省举人联名上书光绪皇帝，要求拒绝签约，并试图联合十六省应试举人六百〇三人，联名签署其起草

的万言请愿书，在四月初八（5月2日）正式投递，被拒绝代呈。

上书后数日会试放榜，中进士第八名。旋授工部主事，不愿到职。五月初六（5月29日）向察院上第三书，光绪帝阅后赞许。闰五月迁出南海馆。又上第四书，未能上递。六月，和梁启超、麦孺博创办报纸京师《万国公报》，制造变法舆论。其间，与帝党首领翁同龢等论变法之事，由陈炽起草了十二道新政意旨。七月，筹设北京强学会，基本会员有康有为、梁启超、文廷式、王鹏运、沈曾植、袁世凯等，主持广学会的李提摩太来会，英美公使亦愿赠送图书仪器。

八月二十九日（10月17日），出京；九月十二日（10月29日），到上海，游说张之洞开上海强学会。十月，上海学会成立，十一月，北京创刊《中外纪闻》，上海发行《强学报》。因十二月母寿，启程回粤。《强学报》因用孔子纪年及刊登上谕，遭劾而停刊。

清光绪二十二年丙申（1896）三十九岁

讲学于广府学宫万木草堂，续编《孔子改制考》《春秋董氏学》《春秋学》。七月与弟广仁游罗浮山，八月游香港，十月至澳门，与何廷光筹办《知新报》。十二月重游广西。编成《日本变政记》（丙戌年起）及《日本书目志》(康同薇译)。

清光绪二十三年丁酉(1897)四十岁

正月初十(2月11日)到桂林,与唐景崧、岑春煊议开广西圣学会。日与学者论学,编《春秋考义》《春秋考文》及《日本书目志》,成。六月还粤讲学。八月纳妾梁随觉,筑室花埭。八月底,携同薇由杭州至上海。十一月十二日(12月5日),德国强占我国山东胶州湾,入京,先替御史杨深秀和陈其璋草联英、日疏。又写《上清帝第五书》。十二月十三日(1898年1月5日),在南海会馆创办粤学会。是年,在上海大同译书局刊刻《春秋董氏学》《孔子改制考》《日本书目志》。

是年秋冬间,梁启超在上海集股创设大同译书局,康广仁为经理。

清光绪二十四年戊戌(1898)四十一岁

正月初三(1月24日),大学士李鸿章、翁同龢、荣禄,刑部尚书廖寿恒,户部左侍郎张荫桓,在总理衙门西花厅约见康有为,问变法事宜。初四日,翁同龢以此事入奏,光绪帝命康有为条陈所见,进呈《日本变法考》《俄彼得变政记》。初七日《上清帝第六书》,请誓定国是,开制度局以定新制,设法律局等十二局。二月二十日(3月

12日）《上清帝第七书》，进呈《俄大彼得变政记》。三月二十二日（4月12日），在粤东会馆开保国会，开会三次后，遭后党攻击而停。

四月廿三日（6月11日），光绪帝诏定国是，正式宣布实行变法。"百日维新"开始。廿八日，光绪召见康有为，问及变法方略，命其在总理衙门章京上行走。其间，草变科举折分交杨漪川、徐子静上；草派近支王公游历折、开局译日本书折、派游学日本折，由杨漪川代上；为宋伯鲁草催举经济特科折；请废八股及开孔教会，进呈《孔子改制考》《列国岁计政要》。五月初五（6月23日），光绪帝下诏废八股而改策论。有为上折请开大学堂，获允；又上各省开高等学堂、各府开中学、各县开小学。五月，上折开制度局及请于京师开十二局，外省开民政局等。六月一日（1月19日），上商务折。初六日，进呈《波兰分灭记》《列国比较表》，初七日进《法国变政考》。草折将《时务报》交由梁启超办，交宋伯鲁上，光绪于初八日命改《时务报》为官办，任有为督办其事。七月二十日（9月5日），光绪帝命给谭嗣同、杨锐、刘光第、林旭四人以四品卿衔，在军机章京上行走，参与新政事宜。草疏仿日本立参谋本部、改维新元年、易服等。七月二十九日（9月14日），光绪帝下密诏给杨锐。八月初二（9月17日），光绪帝明诏催促康有为赴上海督办官报局。八月初三（9月18日），再下密诏给林旭带给有为。谭嗣同即夜访袁世凯，游说袁勤王，举兵杀荣禄，除旧党。八月初五（9月20日），袁世凯到天津向荣禄告密。初六日，慈禧太后发动政变，再度"训政"，幽禁光绪帝于瀛台，下令逮捕有为，此时有为搭乘太古公司的重庆轮船逃离北京。其弟康广仁被捕。初八，杨深秀递折被捕。初九日，谭嗣同、杨锐、林旭、刘光第被捕。十二日，谭嗣同、杨锐、林旭、刘光第、杨深秀、康广仁六人在北京菜市口街头壮烈牺牲，史称"戊戌六君子"。十四日，有为逃至香港。九月十二日（10月26日），有为离港赴日本，居东京明夷阁，准备在海外寻求救兵。

清光绪二十五年己亥（1899）四十二岁

二月十一日（3月22日），由日本横滨乘和泉丸号赴加拿大，二十七日，抵加拿大之域多利亚（维多利亚）埠。三月初三（4月12日），约见总督。初四，赴温哥华，漫游各地。二十六日，过落基山。四月一日（5月10日），加督晚度侯爵宴请。四月十二日（5月31日）乘船赴欧，二十二日至利物浦，入伦敦。五月出利物浦返加拿大。六月十三日（7月20日），在温哥华组织保皇会。夏秋间，居文岛，居所称为"寥天"。九月，因劳连枝在港患病，假道日本返香港，二十二日过横滨，因匪人加害，二十四日由警察送至马关。冬得邱菽园邀，十二月二十七日（1900年1月27日）离港赴新加坡。

张云珠为长女同薇择婿麦仲华。

山东义和团起义。清廷欲废光绪，立大阿哥。

清光绪二十六年庚子（1900）四十三岁

正月初二（2月1日），到新加坡，寓邱氏客云庐。廿六日，迁居恒春园，楼名南华。二月二十六日（3月26日），改居林文庆宅。三月初八（4月7日），移居章宅，英督派兵保护。七月初一（8月1日），担心有刺客，移居丹将敦岛灯塔。七月十五（8月16日），居英国新加坡总督署大庇阁，补注《中庸》。十一月，补撰《春秋笔削大义微言考》。

与唐才常等在武昌组织自立军，密谋于七月二十九日（8月23日）举事，因计划漏泄，二十八日才常被捕牺牲。

六月二十一日（7月17日），慈禧太后下令对各国宣战，并令全国各地组织义和团。七月，英、俄、德、法、美、日、意、奥八国联军侵入北京。

清光绪二十七年辛丑（1901）四十四岁

二月，《中庸注》成。四月，同璧由港来槟榔屿。六月二十日（8月4日），《春秋笔削大义微言考》成。八月，居槟榔屿山顶臬司别墅。十月二十七日（12月7日）离槟赴印度，寻雪山养病。十一月二日（12月12日）入恒河口，辗转卡拉吉打、阿剌伯、经堡、昔根嘉顿、爹利等地。十一月二十九日（1902年1月8日），定居大吉岭，撰成《印度游记》。

十二月十日（1902年1月19日），子同吉生，未满月而夭折。

清光绪二十八年壬寅（1902）四十五岁

居印度大吉岭，名其亭"须弥雪"。正月，《礼运注》成。三月，《论语注》成。七月，《大学注》成。八月，补成《六哀诗》。冬至日，《孟子微》成。十二月，居室赁期满，迁居公园侧。

发表《答南北美洲诸华商论中国只可行立宪不可行革命书》等。

清光绪二十九年癸卯（1903）四十六岁

正月，大吉岭大雪，卧病将绝粮。三月，闻荣禄死，于四月将保皇会改名为宪政会，并出印度，六月漫游缅甸。七月至爪哇，开报馆、立学校。九月，归香港侍母，撰成《官制议》。

日俄战争发生，以我国东三省为战场。

清光绪三十年甲辰（1904）四十七岁

正月，在港侍母。二月，自香港乘船去安南，十五日抵马六甲，十六日过安南。三月十二日（4月27日）适暹罗，十八日至槟榔屿，留一月。四月十二日（5月26日），乘舟山号西行，十八日抵锡兰，二十二日转搭孖摩拉号渡印度洋，入地中海。五月初一（6月14日）抵苏伊士运河的钵赊，搭船赴意大利。初三，抵达布连的诗，游哈乔拉念之地下古城奈波里、邦贝古城。初六，到罗马，游教皇宫、斗兽场、尔亚尼宫等。十二日，游凯撒古坟；十三日，游王宫、邦非尔宫、议院、大学处。旋游米兰，转道到巴黎，游铁塔公园、凡尔赛宫博物院、卢浮宫、拿破仑纪功坊、蜡人院等。十六日，赴瑞士维也纳。十九日，赴匈京标得卑士，宫室议院及百戏场。返回巴黎。旋赴英伦。二十六日游丹麦，二十八日在丹麦首都游博物院、古物院等。七月初二（8月12日），约见丹麦首相颠沙。七月初六（8月16日），赴挪威首教歌士遮那。七月初八（8月18日）赴瑞典，次晨到达士多贡。十一日，得翁同龢五月去世消息。十二日，居瑞士稍士巴顿大酒店。十四日约见瑞外部大臣格拉谦，适出游未归。八月初，返丹麦，赴柏林。八月十四日（9月23日），到比利时首都，十七日，游滑铁卢。八月十八日（9月27日），赴荷兰。八月二十日，回英国伦敦。九月二十六日（11月3日），自利物浦渡大西洋，重返加拿大。十月八日（11月14日），到曼梯柯，转赴温哥华。二十九日，重游文岛。十一月，到温哥华。

清光绪三十一年乙巳（1905）四十八岁

正月初九（2月12日），自加拿大温哥华赴美，当日抵舍路（Seattle）。二月初六（3月11日），由钵仑（Portland）西行，经沙加免度、非士那、北架非等埠，发表演说。十一日，到罗生技利（洛杉矶）游览，作《物质救国论》。三月，移居罗生技利的西湖畔。五月初八（6月10日），到华盛顿。十五日，赴纽约。六月初三（7月5日），往波士顿。七月到纽约，二十二日往费城。八月初四（9月2日），参观华士纳特（西点）军校。十四日，赴芝加哥。十六日，去新坡（St. Paul），转往粒荣士顿。二十日，游黄石公园。九月初一（9月29日），由碧架失地等辗转到落矶山。十月初一（10月28日），抵文罗（Montrose），初三午登峰顶。初五到美墨国境，初六东返到密西西比河。十一月初三离美赴墨西哥，初六到莱苑，参观银矿、镕银局。

孙中山在日本东京组成中国同盟会。

清光绪三十二年丙午（1906）四十九岁

正月初二（1月26日），到墨西哥首都。三月，游京城外名胜，访墨前总统爹亚士。留墨半载。六月，过大西洋赴欧。七月十五日（9月3日）到美兰那，廿二日，往法国。八月赴瑞典，十一月十九日再游德国，二十日抵柏

林。十二月初一（1907年1月14日），渡莱茵河去荷兰首都。初六，到比利时，转道赴巴黎。十二日，游蒙地卡罗。十六日到西班牙首都。二十五日，赴直布罗陀。

七月十三日（9月1日），清政府宣布"预备立宪"。

清光绪三十三年丁未（1907）五十岁

正月初一（2月13日），自稽铁士赴西班牙。初八，到葡萄牙首都里斯本。由比利牛斯山入巴黎，再转达英伦。二月初一（3月14日），自利物浦乘船到纽约。初五，举办五十生日，设立华益银行。十月，纳何旃理为妾，再游巴黎。十一月，游瑞士。

清光绪三十四年戊申（1908）五十一岁

春，仍避居稍士巴顿。二月出游埃及。三月初一（3月14日），由开罗乘车出钵赊，到阿拉伯。四月初一（4月30日），自埃士拿游德国。初六，由阿爹壁入奥地利。十一日过萨逊，返瑞典。五月廿一日（6月19日），偕同璧由瑞士首都赴北冰海。五月二十三日（6月21日），入挪威。二十八日，抵挪威旧首都陀潜，后返挪威首都，再返瑞典。六月十九日（7月17日），抵柏林，到奥地利，再到匈牙利。二十二日，入塞尔维亚。二十九日，泛黑海，抵土耳其的君士坦丁。七月初七（8月13日），往雅典。十五日，穿瑞士山，假道地中海泛大西洋，著《希腊罗马两国游记》。八月，归途过楞伽，著《楞伽游记》。九月，到槟榔屿。十月，在槟榔屿迎养劳连枝，著《金主币救国议》。十一月，闻光绪帝卒，上摄政王书，请诛杀袁世凯。十二月，劳太夫人返港。

十一月廿六日（12月19日），长子同籛生。是年，光绪帝与慈禧太后先后卒。

清宣统元年己酉（1909）五十二岁

二月，游埃及。三月，到耶路撒冷、法国。四月到英国，五月出利物浦返加拿大文岛。六月，返欧，游印度、锡兰。七月初一（8月16日），重返槟榔屿。九月，复游印度、锡兰。冬，回槟榔屿。

正月初四（1月25日），次子同凝生。

清宣统二年庚戌（1910）五十三岁

春夏，居槟榔屿。七月十四日（8月8日），过丹将敦灯岛赴新加坡。八月，至香港省母。十二月，还新加坡。除夕，移居海滨丹容加东。

清宣统三年辛亥（1911）五十四岁

春，居新加坡。四月初十（5月8日），至香港省母。

五月十一日（6月17日），赴日本箱根，后移居须磨梁启超之双涛园。九月，作《救亡论》《共和政体论》《共和政体集结》。十二月二十七日（1912年2月4日），再游箱根。

八月十九日（10月10日），武昌起义爆发。

十月，女同琰生。

民国元年壬子（1912）五十五岁

二月，从双涛园迁至月见山下须磨寺侧公园前。四月，拟《中华民国国会代议院议员选举法案》。五月，作《中华救国论》，刊《理财救国论》。八月，撰《孔教会序》。十二月，送徐勤归国。

元旦，孙中山在南京就任临时大总统之职，建立中华民日。临时政府颁布《临时约法》。2月12日，清帝宣统逊位。3月，袁世凯就任临时大总统。

民国二年癸丑（1913）五十六岁

正月，在东京割疡。二月，创刊《不忍》杂志，任主编，陈逊宜、麦鼎华协助，拟《中华民国宪法草案》，著《保存中国名迹古器说》。三月，著《孤愤语》。七月，母劳氏病卒于香港。八月，写《乱后罪言》。十月，病愈奔丧归港。十一月初四（12月1日），归南海银塘乡葬母。

葬毕，移居上海，拒绝袁世凯的招请。

民国三年甲寅（1914）五十七岁

是年居丧。二月，朝鲜朴殷植来访。四月，游茅山。五月，游天荒荡。六月，返沪。九月，游无锡、苏州。十月，游华阳洞。

二月，仲姊逸红卒。十二月，何旃理卒。

民国四年乙卯（1915）五十八岁

是年居上海。三月，游杭州。十月，居沪上申嘉园。12月12日，袁世凯称帝，讨袁。

民国五年丙辰（1916）五十九岁

二月，送徐勤回粤起义。六月，和徐致靖游杭州。八月至曲阜祭孔陵，游泰山。九月初，游凤阳、明陵。九月初七，游南京莫愁湖，初九游金山塔，旋赴苏州。十月，游茅山。

袁世凯称帝失败。

民国六年丁巳（1917）六十岁

元旦，赋《开岁忽六十篇》。二月初五（2月26日），门人庆寿。三月，游兰亭，探禹穴。五月初八（6月26

日），乘津浦车北上，初九抵京。十三日，拥戴宣统复辟，受"弼德院副院长"之职。十八日，轰炸京城。二十日，逃往美国使馆，住美森院。二十四日，复辟失败。二十九日，被以首犯名义搜捕。其间，撰《康氏家庙碑》等。十二月二十二日（1918年2月3日），由美使馆保护离京，返沪。冬游青岛、大连、旅顺。著《共和评议》。

七月，孙中山在广州组织军政府，任大元帅。

民国七年戊午（1918）六十一岁

常居上海，时往还于杭州。

民国八年己未（1919）六十二岁

居上海，时往还于杭州。因章士钊住上海新闸路，过从甚密。在沪印《大同书》甲乙两部。十月，移葬劳连枝及康广仁于江苏金坛茅山积金峰下的青龙山。

民国九年庚辛（1920）六十三岁

居上海。三月游浙江绍兴，上海游存庐落成。

民国十年辛酉（1921）六十四岁

居上海，时往还杭州。夏，杭州西湖丁家山下的人天庐落成。十二月，序朱强邨编麦孺博、潘若海诗集。

5月，孙中山在广州就任非常大总统。7月1日，中国共产党成立。

民国十一年壬戌（1922）六十五岁

居上海，时往还杭州。五月初九（6月4日），游曲阜，登泰山。六月，朝鲜朴殷植来访，邱菽园由南洋来，请序《菽园集》。七月，朝鲜培山书堂李炳宪渡海问学。九月，赴西溪看芦花。

五月二十一日（6月16日），夫人张云珠卒（字妙华，1855—1922），享年六十八岁。七月初十（9月1日），卜葬于金坛县茅山元祚村。

民国十二年癸亥（1923）六十六岁

正月，隐居一天阁校诗。二月，游海门、定海、普陀。三月，谒泰陵、昌陵，到保定乘飞机，游河南开封禹王台龙陵，登铁塔绝顶。三月底，游南京清凉山。五月，游济南、青岛，成立万国道德会。六月，游北戴河。九月，游洛阳。十一月，受邀到陕西演讲。十二月，游嵩岳，十九日赴武昌洪山寺，访唐才常等勤王烈士墓，旋赴岳阳、长沙，游岳麓山。除夕返沪，著《癸亥国内各省游记》。

民国十三年甲子（1924）六十七岁

居上海游存庐。上元（元宵），住西湖一天园。三月，游天台、雁荡山。四月，罗荣邦年十四岁译天文书，与《诸天讲》相关。朝鲜朴箕阳来书请教中国儒教。夏秋间，偕外孙等去茅山祭拜。

民国十四年乙丑（1925）六十八岁

春，到杭州，后返回上海。三月，偕同璧等去青岛。五月底，赴杭。六月，转赴青岛避暑。九月，返沪。

民国十五年丙寅（1926）六十九岁

三月，在上海愚园路设天游学院。《诸天讲》书成。八月，重到北京。九月十六日（10月22日），归沪。

民国十六年丁卯（1927）七十岁

正月十三日（2月22日），赴天津为溥仪祝寿。二月初四（3月7日），徐良带来溥仪的贺七十寿辰礼物，"岳峙渊清"匾额一幅和玉如意一柄。二月初五（3月8日），七十诞辰。二月十三日（3月16日），赴青岛。二十八日（3月31日）病逝于青岛，葬于青岛李村象耳山（又称枣儿山）西麓。